U0800750

别让“家”伤了孩子的心

师晓霞 著

中国妇女出版社

图书在版编目（CIP）数据

别让“家”伤了孩子的心 / 师晓霞著. -- 北京：中国妇女出版社, 2018.1
ISBN 978-7-5127-1559-2

Ⅰ. ①别…　Ⅱ. ①师…　Ⅲ. ①儿童教育—家庭教育　Ⅳ. ①G782

中国版本图书馆CIP数据核字（2017）第289102号

别让“家”伤了孩子的心

作　　者：师晓霞　著
策划编辑：廖晶晶　应　莹
责任编辑：应　莹
封面设计：尚世视觉
责任印制：王卫东
出版发行：中国妇女出版社
地　　址：北京市东城区史家胡同甲24号　　邮政编码：100010
电　　话：（010）65133160（发行部）　　65133161（邮购）
网　　址：www.womenbooks.cn
法律顾问：北京天达共和律师事务所
经　　销：各地新华书店
印　　刷：北京通州皇家印刷厂
开　　本：165×235　1/16
印　　张：16
字　　数：225千字
版　　次：2018年1月第1版
印　　次：2019年3月第2次
书　　号：ISBN 978-7-5127-1559-2
定　　价：39.80元

版权所有·侵权必究　（如有印装错误，请与发行部联系）

推荐序一

真正学会爱孩子

读完心理咨询专家师晓霞老师的《别让家“伤”了孩子的心》一书，感觉像看了几十场家庭题材的电视剧，一个个真实的咨询场景好像呼之欲出。师老师用流畅的笔调，通俗易懂地向读者呈现了她是如何与那些有困扰的家庭工作，如何真正帮到家庭中出现状况的孩子，包括家长。

一般来说，当孩子出现问题时，家长都会急着寻求帮助，希望能有人开导孩子，却很少想到自己的家庭教育方式需要调整，很少能意识到家庭模式有可能伤到孩子。师老师的这本书，正是从家庭系统观的角度出发，用鲜活的故事提醒、帮助家长们学习科学的教育方式，真正学会爱孩子，让家长和孩子共同成长。

师晓霞老师有扎实的心理咨询理论基础和丰富的实践经验，多年来一直勤勤恳恳地执着于专职心理咨询工作，尤其致力于家庭咨询，帮助了很多处在困境中的家庭，也因此在这些工作中积累了上千个可供同行学习和借鉴的案例。这本书整合了她多年来的典型案例，在读者看来，就像是发生在自己身边的事，在引起共鸣的同时，更能深刻体会心理咨询师在解决孩子问题及家庭问题中所起的重要作用。

心理咨询师身处家庭之外，却又能够理解每个家庭成员，看清家庭的困扰所在。本书中对于不同案例呈现的不同问题的处置，体现了师晓霞老师作为心理咨询师的深厚功力。

这里不得不提到我国心理咨询的现状。我国有13亿多人口，对心理咨询有需求的人很多，老年人、中年人、青年人、青少年、儿童，涉及社会各个行业及众多家庭，都有心理困惑出现。遗憾的是，我国大约有120万人获得了国家心理咨询师职业资格证书，却仅有4万人左右从事心理咨询行业的专兼职工作，其中富有工作成效的专业人员不到二分之一，这与“十三五”规划纲要提出的“全面加强心理健康教育，加强心理健康服务，加强未成年人心理健康引导，健全全社会心理疏导机制”的要求极不相符。在学术研究方面也有不足，学者们对咨询理论、方法、技术方面探讨得不少，也有大量出版物，但在案例研究方面却不多，出版的书籍更是少得可怜。

五年前，中国青年政治学院心理研究所举办培训班，参加者都是已经获得心理咨询国家资格证书的学员，师晓霞老师作为副教授，经我多次邀请前来授课，与学员分享她的案例。课后学员反响强烈，一致认为：她的每一个案例背后都有相应的理论支撑，理论与案例联系紧密，让人受益匪浅。

这本书亦是如此，生动的案例，加上贯注专业功力的注解，将家庭治疗的基本理论、心理咨询的技术融入其中，在润物细无声中对当事人和每一位阅读这本书的人有所帮助。

我想，基于此，这本书一定会引起广大读者的重视，也值得那些获得国家资格证书还没有“实战”经验的心理咨询师们学习和借鉴，更会给广大社会工作者、学生家长和中小学教师带来益处。

中国青年政治学院心理教育研究所所长、教授

田万生

2017年中秋

推荐序二

心有阳光

她是我的亲妹妹，为表示区别，我就叫她小师老师。因为我们家不止一位师老师，其中资格最老的是我们的父亲。我曾经也被人喊过师老师，但时间不长，现在大家叫我酒妈——因我女儿小酒之名，我也笑纳成自然。

小师老师当年守在产房外面迎候自己的外甥女，当看到襁褓中的小酒一只眼半睁一只眼半闭，一副睥睨天下的派头时，这位新晋姨妈激动得声音里都带着哭腔。守在门口的还有我们的母亲，她们一同期盼小生命的降临，并且关心我的安危。她们俩的手必然是紧紧握在一起的，不用看我都知道。

这不奇怪，人生重要时刻，以及不那么重要的时刻，甚至鸡毛蒜皮的时刻，总有家人和我们在一起。

小师老师是我们家第二个孩子。作为长女，我先她几年在家里出尽了风头，到她呱呱坠地时，气氛就有点儿平淡，我们的祖母迫切希望新来的小家伙是个男娃，失望之下就显得不那么重视。父亲作为一个孝子，在这一点上却表现出了温和的倔强，他反而待她更好，呵护到近乎宠溺。母亲自然也不在话下。

所以小师老师丝毫没有在我们的家里感受到被忽视，甚至恰恰相反。童年时我们住在乡下，有一次父亲去城里粮站领供应粮，四岁的小师老师闹着要跟去，父亲不忍拒绝，就让她坐在自行车的前梁上，小心地护着她一路骑行。路上，她小嘴叭叭叭不住地念那些“农业学大寨”之类的标语，念着念着，忽然领悟到一条真理，她说：“爸爸，我发现了，大人都爱吃窝窝头，小孩都爱吃白面馍馍！”父亲回家后当作趣闻讲给我和母亲听，全家一起为这个“了不起”的发现大笑不止。当然，那时候我因为年长一些，已经学会了冷笑，我就大笑中带着一丝冷笑想，还不是因为大家都宠着你，你要是补充一句“姐姐喜欢吃‘二面馍’”，那就更完美了——看，我们家的食物层次是这样的：家长吃窝头，长女吃“二面馍”（玉米面和小麦面五五混合的一种准高级食物），次女吃白面馍。天经地义，没有任何心理负担。

属于家庭经典笑谈的这个段子，是一面时光的小镜子，照出在那个物质生活清贫的年代，我们家的孩子仍然成长在和煦温暖之中。父母给了我们无尽的爱与关怀，即使在他们自己的人生遭遇困顿的时候，也能竭尽全力遮风挡雨，不让来自外界的寒意侵袭我们的心灵。

也正是因为如此，小师老师先天养分充足，长成了一个心有阳光的人：如此开朗，如此细腻，如此善意。

小酒更是个幸运的孩子，近水楼台，得到了来自姨妈和小师老师双重身份的关爱。她们俩24小时沟通无障碍，不超过10天一定见面畅聊，每年更是有至少一次长途旅行，随时关照那些成长过程中的小烦小恼。我当然也是幸运的，一边效仿自己的父母，全情投入，用爱与关怀拥抱小酒，一边也享受着姐妹亲情与专业加持——尤其是在小酒一头闯进青春期的时候，小师老师给予我们的支撑，自不待言。

作为姐姐，我对她是熟悉的，但是得承认，作为一个心理学的门外汉，小师老师这些年在我眼里又笼着一层陌生的光环。正因如此，我满怀亲切与好奇读了这本书。然而细读下来，更强烈的感觉是触目惊心，平素所见所闻的那些父母与儿女相爱相杀的真实事件，与书中的案例有诸多类似和重叠。如果更多的人由此书而起，用科学的方法和慈悲的情怀，观照心态，调整行为，那些生活中似已司空见惯的无奈与抗拒、伤心与愤怒、沮丧与郁闷、崩溃与绝望，也许可以在我们智慧的辗转腾挪间平顺度过。

所以此时，我更愿意以一个母亲、一个挑剔的读者的身份，期待同样关爱孩子、珍爱家庭的你们，与我一起，翻开这本书，在每一页的淡淡墨香里，遇见小师老师——这个心有阳光的人，享受她带来的陪伴和关怀。

师红霞

北京市十大阅读家庭、全国书香家庭成员

2017年11月于北京

自序

让家真正温暖起来

家长苦恼万分地带着孩子来做心理辅导，却变成家庭成员共同参与，大家一起努力，孩子的问题得以消除或者得到很大改善。这些年，每当此时，我都会在心中叹一声：家，是最能让人感到温暖的地方，也可能成为伤人最深的地方。

一个个案例，一遍遍用不同方式，演绎着这句朴实的话。

为人父母，时常会有“我是为你好”的武断，时常会忘了自己曾经年少时的迷茫，总是期待孩子飞得更高更远，却没有在意他们需要情感关怀，需要理解，需要一个适合生长的家庭环境。那些呈现在孩子身上的各种各样的“问题”，便是孩子无声的呐喊。

我终于决定，将这些个案经过必要处理之后呈现出来，期待那些已为父母、将为父母的爱孩子的家长，能够认真研读，学习怎样真正地爱孩子，帮助孩子健康成长。

这些案例是故事，又不是故事。看到别人的经历，却隐约看到自己的影子。如若你读到此书中的某处，心中一惊，“咨询师怎么知道我家的事”，请切莫对号入座，因为这些故事，本就不是哪个家庭独有。倒是要恭喜你，认真读下去，更有针对性地在家庭中进行调整，防患于未然。

故事好看并不是目的，这些类似于咨询实录的故事，我都悉心做出批注，好让读者，包括心理咨询专业初学者、有兴趣人士能够明白咨询如何起效。那些看起来平淡无奇的话语，看似轻描淡写，却蕴含着咨询师的功力。同样的一句话，语音语调不恰当，语句组织不恰当，说话时机不恰当，甚至会产生相反的作用。咨询师话不在多，而在于温和直击来访者的内心。

以故事来呈现案例，还有一层提醒：每个故事，都不是对此类问题的绝对解决方案。每个人有自己独特的个性，每个家庭有自己独到的气质，一定要因人而异，因时而异，因家庭而异。看整个故事，注意到哪些地方触动了自己，尝试着做一点儿练习调整，如此，本书任务就已达成。

感谢我的来访者们，我将我们一起工作的收获分享出来，期待能够让更多家庭未雨绸缪，及时调整，让家真正温暖起来。

这一刻，有很多感谢涌上心头，感谢这些年来一直支持我的师长友人，感谢催促我进行分享的廖晶晶、应莹两位编辑老师，感谢在本书成书过程中倾力相助的亲爱的助理冯驿惟，爱你们。

我的家人，一如既往地支持我，使我能够心无旁骛，专心完成此书。

于我，家是最温暖的地方。本书出版之时，正值母亲离开四年之际，我的母亲，用她的智慧、豁达和爱，给了我们一个温暖的家，给了我柔软而坚定的内心。如今她在天堂，当会开心，开心于我可以帮助到更多的人，让更多的家庭温暖，如同我的家。

目 录 Contents

第1章 焦虑的父母

第2章
控制的关系

第3章

家庭中的力量博弈

第4章

爱、期待与伤害

第5章

过度的教养：溺爱与放养

第1章 焦虑的父母

“我的孩子毛病太多”

——孩子需要高质量的陪伴

第一次在咨询室见到皮皮妈妈时，她的焦虑溢于言表。也难怪，这学期因为儿子皮皮，她已经被老师“请”过三次了。老师告诉她，孩子的情绪控制能力不好，让她帮孩子找个心理老师。

妈妈的担心

提起被老师“请”这个事，皮皮妈妈有些不开心。她说这三次都是因为皮皮和其他男生发生冲突。皮皮上五年级，长得比较瘦小，个头也比其他同学矮一截，班里个子高的男生有时就会“欺负”他。比如，下课时坐在他桌子上、路过时故意撞他一下等，基本都是类似的事情。这样一来二去就有了冲突。老师说皮皮每次都会暴怒，老师已经帮着处理完纠纷，皮皮还不依不饶。

皮皮妈妈说，孩子通常情况下脾气都不错，但发生这种事以后，会将脾气带回家里，在家里也很生气。妈妈心里难受，只好安慰皮皮别在意，可是皮皮根本听不进去。妈妈没有别的办法，也觉得孩子在学校受欺负，想来想去就生闷气，气孩子怎么长不高，成绩也不好，不招老师喜欢……一路想下去，觉得孩子真的需要心理辅导，比如，他情商低，

当孩子在学校受委屈时，家长如果能够仔细倾听孩子讲述学校发生的事，接纳孩子的情绪，设身处地理解孩子，孩子会感觉舒服一些。

总嘲笑别人，不能和同学建立长久的人际关系，体育成绩不好，不爱动等。

皮皮的爸爸和妈妈都在科研院所工作，一家三口和姥姥、姥爷住在一起。爸爸平时工作忙，但只要有时间就会尽量陪孩子。妈妈晚上回家也能陪一会儿孩子。

皮皮妈妈说："平时教育也没觉得有什么大问题，现在老师说让给孩子找心理老师，我感到很意外，而且我也担心孩子真有问题。现在，孩子大了，有时候问什么都不爱说。这几天，我急得晚上睡不好觉，嘴都起了泡。"

我安慰妈妈先不要太急，等我和孩子见面后再说。

随后，我单独见了皮皮。

随着孩子年龄的增长，他们不再像以前那样什么话都愿意和父母说。因此，当意识到孩子可能有心理困扰或出现比较严重的心理问题时，主动寻求心理咨询师的帮助不失为一种有效的途径。

未成年人做咨询一定要有家长陪同。这次我需要单独见皮皮进行评估，皮皮妈妈送他来后就到隔壁房间等候了。

"我看到这个孩子的介意"

皮皮有点儿瘦弱，一眼看去，好像才是个三年级的学生。皮皮很活泼，主动和我打了招呼，然后问道："老师，我妈妈说我最近脾气不太好，带我到这里放松放松。我们怎么放松啊？"

"哦，那你最近脾气怎么不太好了？"我问道。

"也没什么啊，其实我觉得和平时一样，我妈非说我最近爱发脾气，那她让我来我就来呗。"

皮皮一副满不在乎的样子。

我说："没事，脾气好坏咱们先不说。你在学校学习一周了，可以在这里玩玩，放松下心情。"

皮皮大剌剌坐下来，指着架子上的沙具，问："是来玩这个吗？这个不是小孩子玩的吗？我都五年级了，玩这个多幼稚！"

一开始就强调自己五年级了，我看到这个孩子的介意。

沙具

沙具是用于进行沙盘游戏的各种微缩模具。来访者将其自由摆放在盛有细沙的特制的容器（即沙盘）中，创造出一些场景。咨询师观察整个过程，与来访者就此进行工作。

皮皮在学校和同学起冲突的原因和他的瘦小有关系，因此渴望长大、玩大人玩的东西，这对他很有吸引力。

我给他解释，这个很多大人都玩的。大学里的学生们也都玩，用沙具来编各种各样的故事，很有意思的。

皮皮一听，马上来了兴趣："大学生也玩啊，那就不幼稚了。那我也玩，我最爱编故事讲故事了。"

皮皮性格开朗，很快投入到自己的故事中，一边编故事一边给我讲。第一次的故事中出现了三个人物，我问他，这三个人是谁？皮皮答道："他们三个是好朋友。"

皮皮其实是个敏感的孩子，他心里大致清楚妈妈让他来的原因，只不过他不愿意在这个时候触碰这些。要等他信任我以后，再来做这项工作。这时候，耐心等待最重要。

我问："这里边有你吗？"

"没有，"皮皮说，"他们就是故事里的人。"

"那你在学校有朋友吗？"我问。

皮皮把头从沙盘上抬起来，看了我一眼："不是玩吗？我不想说学校的事。"

"好好好，不说学校的事。咱们讲故事就行。"我连忙答应。

皮皮眉飞色舞地讲着故事，我听着他创作的故事，观察他的表现，在我们的交流中，我对皮皮有了一点儿初步的评估。

注意保护孩子的自尊心

到时间后，趁着皮皮撤沙具、整理沙具的间隙，我在另外的房间简短告诉他妈妈，初步评估孩子并没有太大的问题，当然还要进一步观察，应该是远没她想象得那样严重。同时，我告诉她，孩子看起来大大咧咧，其实内心很敏感，像"长得不高"之类的话，尽量不说。要注意保护孩子的自尊心。

心理咨询通常一周一次，每次1小时（因流派不同有些许差异，以咨询师和来访者的约定为准）。

妈妈先是松了一口气，听到我说有些话尽量不说时，不由“啊”了一声，“这个不能说啊，我还总说，想刺激他好好吃饭，好好锻炼身体。也是，我一说他就不爱听，我这不都是为他好嘛!”

“我们站在孩子的角度想想，其实孩子自己也想长高长壮，和同学起冲突这个是可能的原因，他也苦恼，所以家长要保护孩子的自尊心，而不是老戳他脆弱的地方，”我继续说道，“目前家长做到这点就可以，家里大人需要互相提醒。”

皮皮妈妈点点头：“好的，老师，我们一定克制。听您说他没那么严重，我心里踏实些了。就让孩子跟着您慢慢调整吧。”

皮皮自然很愿意，走的时候告诉我：“老师，我这个故事‘未完待续’，下次我讲给你听。”

我和皮皮的沙盘游戏之旅就此展开。

父母通常都是为孩子好，可是忘了站在孩子的角度上想问题。

习惯一旦养成，改变不会那么容易。所以当家人对某项改变达成共识后，行为方面进行调整时就可以用这个小技巧了。

“我同学都不懂，懒得和他们说”

最初的沙盘故事中，那三个人物每次都会出现，三个人每次都会起冲突，通常的冲突都是其中一个人嘲笑另外两个人。

我问皮皮：“他们三个打架吗？”

皮皮说：“不打，他们不爱打架，打架其实挺没意思的。我都是急了才打，我觉得一般不用打架。有些人太笨，可以笑话他们。”

我引导皮皮换角色来体会，我们一起来扮演故事中的角色，一起来想，除了嘲笑还有没有别的解决冲突的办法。慢慢地，皮皮的沙盘故事中不再有嘲笑。我及时肯定他，并希

孩子在游戏中会无意识地流露出他在学校里的状态，以及他的人际关系状态。父母在与孩子相处时要用心观察，捕捉有用的信息和细节，及时引导。

角色扮演

角色扮演是一种有效的调整孩子行为的方法。孩子天生都喜欢表演，让孩子扮演不同的角色，可以帮助孩子站在不同的角度和立场来想问题，再加上父母不露痕迹地引导，孩子自己可以想到好方法。

望他在学校也能用到故事中学到的办法，他爽快地答应了。

随着时间的推移，皮皮的故事中科技元素越来越多，他自己用沙具创造大型采矿机，给我讲一个个飞机研发（注：“研发”是皮皮原话）、航母出海等故事。

如果说之前的沙盘故事还有那么点儿掩饰，随着时间的推移，皮皮真正放松下来，他的沙盘已经是他内心需求的呈现了。

他开始讲班里的事，有时候兴高采烈地把学校同学们之间讲的笑话讲给我听。

他告诉我，最喜欢看科教频道，喜欢看科学探索类节目，最讨厌看电视剧，还叹着气说：“不知妈妈为什么那么喜欢看那些无聊的电视剧，也不陪我看我爱看的节目。”

皮皮说出了他的需求——希望妈妈陪自己看科学探索类节目。这是陪伴的需求。

他说：“我告诉你一个秘密，我将来要考航空类大学，或者矿业大学也行，我就喜欢这些，我要做个科学家。”又说：“跟我们同学说起这些，他们都不懂，我懒得和他们说。”

皮皮有自己的兴趣爱好，甚至还有远大的目标，他的内心看起来比外表要强大得多。

有时候，皮皮到早了，躲在门后边小小吓我一下，看我猝不及防地被吓到，他就非常开心。

总之，皮皮越来越放松。皮皮已经放下戒备，从一开始的不喜欢提学校，到现在主动讲学校的事，改变已经在不知不觉中发生。

这才是孩子本来的样子，在与咨询师安全的人际关系中，他展现出自己的本真。

孩子需要高质量的陪伴

这期间，妈妈告诉我皮皮在学校一切正常，已经很久没有和同学起大的冲突了。

从第二次咨询起，每次和皮皮一起工作前，我会单独和妈妈谈10分钟左右，以我和皮皮的相处为例，和她讨论什么是对孩子真正的尊重、高质量的陪伴，以及发自内心的欣赏。希望她每周做记录，把自己在这些方面做得比较好的点滴记下来。

皮皮妈妈有点儿惊讶："原来家长也要一起调整啊！我以为只是孩子的问题。"

我告诉她："孩子的问题是外显的，其实后边有很多是家长需要调整的部分。家长虽然有陪伴，但坦白讲，孩子更需要的是高质量的陪伴。对于皮皮来说，高质量的陪伴，是和他一起看科技频道，欣赏他的聪明才智、听他讲故事，甚至与他一起锻炼身体等。你们的孩子，你会更了解怎样更好地陪伴他。"

很多家长都认为孩子出问题，改正就是孩子自己的事。殊不知，很多时候家长才是最需要调整的那个角色。

皮皮妈妈有点儿不好意思，说："我们工作忙，还觉得已经努力在陪他了。现在看来，一是陪伴的时间还不太够，二是好像还没有真正地做到心的连接。我们从现在起一定在这方面好好调整。"

转眼到了期末。

这天，皮皮眉开眼笑地进了咨询室。一进门就说："老师，你猜猜我有什么高兴事？"我正打算猜，他笑嘻嘻地接着说："我憋了一路，实在憋不住了，告诉你吧。我语文考了95分，数学考了93分，英语90分，老师在班里表扬我，说我进步大呢！"

"哎哟，祝贺你啊！"我和他击了一下掌，问他，"这么厉害，你是怎么做到的呢？"

"你是怎么做到的呢？"——这句话会激发孩子的表达欲和自豪感。不过通常这句话要在表达肯定或夸奖之后再用，效果更好。家长们也可以试试看。

皮皮低头摆着沙具，喃喃地说："其实吧，我觉得每周在这里玩一次沙盘很开心，感觉这种开心够我一周用的。而且你很有耐心，听我说话，我信任你。你说你相信我能学好，我就学好给你看看。"

他说了一大段发自内心的话，低着头不好意思看我。

我很感动。这哪里是妈妈说的低情商的孩子！

我又“得寸进尺”地说：“要是再能坚持体育锻炼就更好了！”

“要是……就更好了”，这样的句式，在孩子取得成绩后使用，常会取得很好的效果。

他抬头看着我，说：“我会的！”

之后，皮皮的状况越来越好，我们见面的间隔一点点变长。慢慢地，我和皮皮的“沙盘之旅”也接近尾声。最后一次咨询，我邀请皮皮妈妈一起参加。

皮皮说：“老师，我虽然舍不得离开，但是你也不用担心我，我很好。而且我妈妈现在也特别好，她变得比以前有趣多了。”

这真是世上最动听的夸赞。我偷看了一下皮皮妈妈，看到她的眼睛都笑弯了。

想对父母说的话

父母在与孩子相处时，需要耐心的陪伴，给予孩子充分的尊重和感情支持。此外，也要多找方法，让孩子能够自由、安全地表达情绪和情感。文中的沙盘游戏、角色扮演等都是心理辅导的有效方式。此外，耐心聆听、编故事、绘画等也是让孩子排解心事和压力的方法。让内心不平静的人有宣泄的出口，可以帮他们释放潜能，让压在心底的创造力迸发。

皮皮并不是一个“问题儿童”，他因为比同龄孩子瘦小一些，有点儿小小的自卑；又因为比同学们知识面广，有点儿小小的骄傲。这种矛盾的情绪和情感，导致了他与同学之间不断发生各种各样的摩擦和矛盾。

对于家有快到青春期孩子的父母，让孩子合理宣泄情绪尤为重要。所以家长平时要留心，提早加以引导。孩子平时不发脾气，小情绪会积压在心里，积攒到一定程度，一旦触发，尤其起因还是他最不想让人提及的那些原因，就会表现得比较暴烈。

问题的承载者是孩子，但问题的始作俑者其实是整个家庭系统。孩子出现状况，家长很担心，希望孩子能够调整，但家长也要拥有看到自身和整个家庭环境问题的能力。

作为家长，在孩子成长过程中，要真正尊重孩子，而不是忽略他的感受；给予高质量的陪伴，而不是草草应付；发自内心地欣赏，而不是横加指责……只有真正做到这些，才可以和孩子平等交流，孩子的发展也才会更积极健康。

练习：提高陪伴质量

回顾一下在你与孩子的互动中，有没有以下情况发生：

场景1：孩子在做作业，你坐在边上陪着他，不时拿出手机刷朋友圈。

场景2：孩子要去上课外辅导班，你帮他背着书包，陪他去。

场景3：你知道陪伴孩子的重要性，所以你花很多时间陪孩子，趁此机会，不断对孩子的行为进行说教。

如果你家有这些情况发生，那么就要小心了——看似在陪伴孩子，实则效果可能适得其反。

高质量的陪伴，需要用心投入，遵循孩子的成长规律，与孩子愉快而和谐地沟通，和孩子一起做有意义的事，给孩子创造一个平等、安全的成长环境。

孩子在这样的环境中成长，会变得更独立、自信，有力量。

不妨试着做一些记录，记录下孩子的成长足迹，记录下你对孩子的爱与陪伴：

①我们一起读过的书（或者孩子自己在读的书）。

②孩子了解的名人及他们的故事。

③我们一起参加的校内外实践活动。

④孩子学会的新技能。

⑤我们家的趣事。

____

____

____

____

____

（以上记录条目仅供参考，随着孩子年龄的增长需要做出相应的调整。但无论如何，完成这些记录的前提，都需要有高质量的陪伴。）

“我家有个乖孩子”

——过于听话的孩子更加需要成长空间

小丽上初一了，从镇里的中学来到了县城，开始住校。临近学期末，学校老师开始频频打电话给家长，因为小丽上课总发呆，总是莫名其妙地哭。

“这孩子不会是精神有问题了吧？”从学校听到的这句话惊得小丽妈妈一身冷汗。她带着小丽从外地来到北京，在精神专科医院被诊断为轻度抑郁状态，医生说暂时不需要服药，建议她做心理辅导。于是，他们一家人找到了我的工作室。

“我妈说要和学习好的同学在一起玩”

小丽是个非常漂亮的姑娘，身高一米六左右，身体已经开始发育，眼睛很大，但是眼神略有些呆滞。

在咨询室的长沙发上，小丽拉着妈妈的手，紧挨着妈妈坐着。我和她聊几句，她每次说话前都要看妈妈一眼。妈妈说：“老师问你话，问你什么你就说，别老看我。”妈妈又充满歉意地跟我说：“老师，这孩子就这样，不爱说话。”

我说：“刚才孩子说得挺好的，没关系，我们慢慢来。”

不过，妈妈多少有些按捺不住，总会在女儿说完后补充

抑郁症与抑郁情绪

如今，“抑郁症”一词越来越多地出现在人们的视线中，由于抑郁症是精神类疾病的一种，严重程度的抑郁症又会关乎生命安全，因此很多人提“抑郁”色变。

对于大多数人来说，都会有情绪低落的时候，这叫作“抑郁情绪”，通常会很快恢复常态。但是，如果出现莫名其妙哭泣、对任何事都提不起兴趣、饮食睡眠异于往常，觉得自己没有价值等情况，持续时间超过两周，就提醒我们要引起注意了，需要到正规医院进行诊断。

一些。我看到小丽索性不再说话，盯着窗外出神。

当妈妈代替孩子说话时，孩子就不再多说话。小丽就是这样，她觉得妈妈在，她没有说话的必要。

家长常常会愿意先表达对孩子情况的描述，不过这样的描述不免带上了自己的主观判断，我更愿意先和孩子有接触，尽可能做到客观了解，然后再来参考家长的说法。

坐在咨询室的沙发上，妈妈努力做出笑脸，尽量让自己看起来轻松一些。也难怪，孩子这样，妈妈怎么可能真正轻松呢！

妈妈时不时看看我，欲言又止。我知道妈妈有很多话想和我说。即便这样，我也需要先和小丽来谈，我要了解小丽真正的状况。

一个人的性格出现大的变化，通常可能是受到了一些外部事件的影响。孩子说好像没发生什么事，也许是记不清了，也许是不愿意提及。这个时候往往需要父母用心观察、多方了解才能找到真正的答案。

妈妈离开后，我和小丽聊了起来。一开始是我问她答，慢慢地，我发现小丽的话多起来。她告诉我，她小时候挺活泼开朗的，后来差不多是小学二三年级吧，不知道怎么回事就慢慢成这样了。问她发生了什么特别的事情没有，她说好像也没发生什么事。

小丽说，自己小时候成绩很好，但小升初时没考好，托关系才上的县里这所好一点儿的中学。知道家里费劲托人，就想好好学习。没想到在学校住宿舍后出现了不适应。

小丽突然声音大起来，气愤地说："老师你知道吗？我们宿舍有8个女生，有5个都在谈恋爱！谈——恋——爱！"

孩子还没有成年，正处于人生观、价值观进一步形成的重要阶段，心理上也很脆弱，尤其是当孩子正值青春期，情绪波动也会比较大，且会遇到很多从未遇到过的挑战，需要家长的悉心陪伴和及时支持。有些孩子不得不过早面临住校问题，就需要家长给予更多的支持和关爱。

我有点诧异小丽对室友谈恋爱会有这么大的反应，于是接着问她："她们谈恋爱，你怎么看？"

"很讨厌！她们都是县城里直接考上来的，那么小就谈恋爱，而且还总在宿舍里说这事，烦死了！"

"那么另外两个没谈恋爱的同学呢？她们有什么反应？"我问道。

"她们无所谓。我就看不惯，我都不理她们那几个谈恋爱的人。"小丽说。

“哦，那你在宿舍里有好朋友吗？”我问。

听到我这么问，小丽的眼神又黯淡下来，声音又变小了，说道：“我不理宿舍那几个，她们联合其他人一起不理我。我在班里也没朋友。”

“你和同桌关系怎么样？”我又问道。

“老师，我给你讲讲我们教室的样子。我坐在后边靠门的位置，我们是三个人同桌。”

我让她拿些彩色石子摆摆，这样更清晰些。

小丽很快摆好了教室的布局。她说她因为在女生里算个子高的，坐在教室最后。三个人同桌，一个是男生，天天调皮捣蛋，不好好学习，小丽说自己不想理他。另一个女生同桌和前排的女生关系很好，两人在一起玩。所以虽然三个人是同桌，但彼此不怎么说话。

我说：“听上去，好像你对于自己看不惯的同学就采取不理睬的方式。”

“嗯，我妈说要和学习好的同学在一起，不要和那些学习不好的同学一起，她怕我学坏。”小丽说。

“那你和学习好的同学关系怎么样？”我问道。

小丽回答道：“不熟，他们学习好的都坐在前边。”

“哦，那么你有不会的题去问他们吗？”我继续了解小丽的人际关系情况。

“没有，我怕他们不理我。”小丽声音有点儿怯怯地说，“我学习没有以前好了，他们肯定也喜欢学习好的人。”

“嗯，不问同学，那你不会的题就去问老师？”我接着问。

“不，我觉得我升学成绩不好，又坐在后边，和差生坐

宿舍人际关系是住宿的学生必须要面临的一个大问题。小丽显然在这方面遇到了困难。不同的家庭生活背景和观念冲突是造成孩子宿舍人际关系困扰的重要原因。

家长们对于这样的语言是不是很熟悉？其实，学校功课的学习只是人生中方方面面学习的一部分，有的人也许并不擅长学功课，但他可能有其他方面的优点。引导孩子多角度、全方位地看待别人，学会欣赏每个人的长处，这是很重要的一个能力。

小丽自己不愿意和学习不好的同学在一起，她认为学习好的同学和老师的想法都和她一样。而她现在似乎也变成学习不好的人了，她陷入了困扰。这个时候，如果有一点儿外在的帮助，可能会帮小丽很大的忙。

一起，老师也会认为我是差生。我不敢去问。”小丽说。

谈话至此，我大致了解了一些小丽的情况。

“我觉得没人可说话”

看到小丽的情绪不太高，我岔开了话题。

我说：“小丽，有没有人夸你长得好看？”

小丽看着我，眼睛里有亮光，她问我：“老师，你觉得我好看吗？”

“好看呀，所以我才问有没有人夸你好看嘛。”我说。

“老师，真的呀？你说我好看，我特高兴。可是别人要这么说，我就会生气。”小丽高兴地说。

“生气？”我重复确认了一下。

“因为我妈从来没说过我好看，她说小孩子就是要好好学习，那些长得好看的、爱打扮的，都是不学好的学生。以前我们村有个姐姐，打扮得可好看了。我妈总说让我可别学她，说她不是正经人，不好好念书，早早就谈恋爱。”小丽说道。

我恍然大悟。

小丽说：“老师，我其实也不是不爱说话，你看我就爱和你说话。我是觉得没人可说话，尤其在学校没人说话，慢慢地，我觉得同学也不爱理我，我也不知道怎么和他们说话了。学校平时管得严，不让给家长打电话。眼看要考试，我觉得我没学好，心里难过得不行，总忍不住想哭。”

两周回一次家，没有朋友，没有好成绩，没有地方说话，家庭的支持又不能及时给予。对于一个刚上初中的女生来说，人生实在遇到了太大的困难。

我需要和小丽妈妈单独谈谈。我问小丽，刚才我们的谈话内容哪些可以告诉妈妈，哪些需要保密。小丽说都可以告诉妈妈。

保密原则

心理咨询需要遵守保密原则，除了涉及法律、人身安全等问题，都必须为来访者保守秘密。

家长带孩子来做心理咨询，一般都比较关心孩子和咨询师说了些什么。但咨询师与孩子谈完话后，需要给孩子解释一下，征求孩子的意见，那些孩子认为需要向父母保密的内容，咨询师会尊重孩子的意愿，遵守心理咨询的保密原则。

其实在亲子关系中，若父母也能同样尊重孩子意愿，给孩子更多的信任和自由，孩子的成长也会更加自如。

“是不是给孩子太大压力了”

再次坐回沙发上的妈妈殷切地看着我：“老师，孩子怎么样，您有办法吗？”

我请她讲讲她怎么看待孩子的状况。

小丽妈妈说：“孩子从小就乖，听话，家里大人让干啥就干啥，左邻右舍都夸她。我以前家里穷，没上几年学，就想让小丽和她哥都好好学习，将来上大学。本来家里都挺好的，就是村里的普通人家，生活能过得去。小丽上小学三年级时，她爸爸在工地上出了事故，现在就不能干重活了，天天在家，心情不好，也不说话。这样我自己一下子压力就大了，虽然有亲戚资助，可我心里急呀，生怕孩子不好好学习，将来再和我一样在村里受苦。”

对照时间，差不多可以推断爸爸的事对小丽产生了影响。家里有了变故，在孩子的内心也会出现这样那样的变化。

“老师，是不是我给孩子太大压力了？”小丽妈妈问。

“生活的担子一下子压在你身上，确实不容易。小丽是个懂事的孩子，她能看到妈妈的不容易，所以她对自己要求也高。而且，她真的很听话，你对她说的话她都记得。现在，在学校和同学关系出了问题，有很大原因是受你给她传递的观念的影响。”我说。

家长有时无心的一些话，却被孩子牢记心间，以至于影响一生。父母不是万能的，也要看到自己的不足，及时修正。

谈到小丽受妈妈影响的那些观点，妈妈很自责，觉得自己一是观念老旧，二是考虑不周，只想到不影响孩子学习，没想到对孩子影响那么大。

我请小丽回来，我们三个人坐在一起。妈妈认真地对小丽说：“刚才老师和我说了。妈妈现在后悔呀，妈妈没什么很多父母希望自己的孩子很乖，殊不知，过于要求孩子听话，反而会让孩子丧失本该有的成长空间。

文化，给你说的那些话有些跟不上形势了，没想到对你有那么大影响，以后妈妈再也不那样说了。”

我告诉小丽，妈妈也没有错，只是时代不同了，观念可能要有更新，需要适当灵活些。回去可以好好整理一下，看看哪里还有困惑，下次咨询时可以再来和我谈。

小丽看到妈妈，又恢复了乖巧的样子。我告诉小丽，她已经不是一切都要依靠妈妈的小小孩，她可以有自己的思想，要学会长大。

同时，我也邀请陪妹妹一起来咨询的小丽哥哥在假期和妹妹多聊聊，顺便给妹妹补补落下的功课。

让更多的家庭成员参与进来，也能够给孩子更大的支持。

由于还需要调整，小丽暂时住在亲戚家休养，没有返回学校。小丽开始定期来我这里进行心理咨询。她变成了“十万个为什么”，问了我很多她想不明白的问题。我与她一起对她以前的一些观念进行了讨论，比如以前看同学不顺眼就不理人家，可以考虑求同存异，多发现同学优点等，帮助她调整对学校的适应度。同时，我也从行为方面对她进行训练，比如，模拟如何开口问同学问题，如何主动和同学聊天等。

有很多事，“想到”未必能够“做到”。观念上调整过来，行为还需演练。咨询室中的演练，目的是帮助孩子学会一些技能，在生活中加以应用。

转眼暑假到了，小丽的亲戚帮她报了个夏令营。夏令营这个相对安全的环境，带给小丽宝贵的体验，这样的体验，给她增加了投入学校生活的勇气和信心。小丽回来后告诉我，入营的第一天，她还是不敢和人说话，在小组同学和老师的鼓励下，咨询室里的演练也帮了忙，总之最后终于突破了自己，和大家相熟起来。她说，这个夏令营让她终生难忘。

开学后，小丽重返校园。

由于在外地，她之后一个月会来见我一次，直到现在。她说每个月的这一天是她的节日。

想对父母说的话

孩子是一张白纸，父母是孩子的第一任老师。父母的观念、看法，很多时候会通过日常的言行深深地根植于孩子的心中，成为他们的价值观的基础。有些孩子，自我发展得很好，他们会思考这些价值观。而另一些孩子，他们的自我还没有成熟，当环境改变，那些来自父母的价值观与新环境发生碰撞时，他们会无所适从，无力应对。

在本文的案例中，年幼的小丽离开熟悉的爸爸妈妈，独自进入一个陌生、全新的环境，适应起来并不容易，需要父母给予更多的理解、支持。尤其是当她遇到困境时，父母对自我的反省和努力改变的态度，让孩子看到了希望，进而有勇气和动力进行改变。

而心理咨询之所以能够起作用，并不全是咨询师的功劳。小丽、小丽的妈妈、咨询师，以及小丽的整个家庭，大家目标一致，一起工作，让改变得以发生。与此同时，提供一个全新的、放松的、充满友爱的环境——夏令营，让孩子有机会边学边练习，可以很好地帮助到孩子。

总之，当围绕在孩子身边的系统都启动，都向良性方向发展，孩子的状况就会有很大改观。

练习：“社会适应能力”测试

社会适应能力是一个人适应社会生活和社会环境的能力。

成人需要社会适应能力，孩子也是如此。对于孩子来说，社会最主要的就是学校和家庭。

看看这些场景，你的孩子的表现怎样呢？

场景1：转学或转到了新班级。

孩子的表现：________________________

场景2：参加一个课外活动，周围全是陌生同学。

孩子的表现：________________________

场景3：准备学习新知识和新学科。

孩子的表现：________________________

场景4：当众发言。

孩子的表现：________________________

场景5：老师在场的时候做事。

孩子的表现：________________________

如果孩子在以上情景中感觉紧张，那么就需要提高一下社会适应能力了。家长可以根据孩子的情况，帮助孩子进行技能演练，鼓励孩子大胆突破。万事开头难，有了第一次的成功经验，以后就会容易很多。

害怕考试背后的秘密

——本不该孩子承受的焦虑

小晗和妈妈一起来到咨询室。小晗是个初二男生，就读于一所重点中学。

妈妈说，小晗现在有严重的考试焦虑，她担心这种状况会影响到中考，因此决定带小晗来做心理辅导。

是否有求助动机，会影响到咨询效果。家长带孩子来咨询时，也要考虑这一点。

我问小晗："是你自己想来，还是妈妈要带你来的？"

小晗看了我一眼，面无表情地说："我妈要带我来，不过我也不反对。"

"不反对就好办些。"我笑着说。

妈妈面部表情严肃，勉强笑了一下，说："这孩子吧，真为他操碎了心，也不知道怎么回事，考试之前就那么焦虑。他平时学习也很好啊。"

以我的经验来看，孩子的考试焦虑和父母是有一些原因的。我告诉他们，虽然是因为小晗考试焦虑而来，但我还是希望和家长一起，先了解一些相应的情况。

和家长一起谈，可以看到家长与孩子的互动状态。熟悉的互动模式，很难引起参与其中的人的反思。他人的介入会帮助家庭看到他们的模式。

孩子大了，家长就变成侦探了

小晗坐得离我远些，不主动说话，拿着一把钥匙上下甩着玩。

像大多数妈妈一样，小晗的妈妈打开话匣子，滔滔不绝地说着。

有好几分钟的时间，小晗妈妈都在说小晗如何如何优秀。

我说道："这么优秀的孩子，你们做家长的在教育方面也是下了不少功夫吧。"

"可不是，就这一个孩子，给他报各种兴趣班，有机会就带着出去旅行。'读万卷书，行万里路'也算是都在做。"妈妈说。

"那可真不错。平时你们对孩子要求严吗？"我问。

"也还行吧，小时候严，现在我觉得对他还挺宽松的。他想要做什么，只要合理，我就尽量满足。"妈妈说道。

"嗯，这是你的感觉。要不要问问小晗，看看他怎么看？"我提议。

家长的感觉与孩子的感觉截然不同，这就体现出平时沟通的重要性。

妈妈扭头看着小晗，笑着问："儿子，妈妈管得不太严吧？"

小晗斜睨了妈妈一眼，说："我觉得挺严的，不但严，还管得有点儿多吧。"

妈妈略有点儿尴尬，对我说："老师，您看，现在的孩子都不让家长管，管一点儿就觉得管得多。既然说我管得多，我索性就跟老师说说那个事，让老师看看我是不是不应该管你。老师，我自己在家想，我觉得这个事和他的焦虑有关系。"

亲子之间发生矛盾，如果家长拉人去"评理"，会让孩子感觉自己处于弱势的一方。给予孩子足够的平等，才能保证亲子沟通正常进行。

我听妈妈要说小晗的私事，先温和地打断了她，说："我们稍微停一下，还是要问问孩子的意愿，他如果不愿意让你在这里说，我们就先别说。"

小晗扬了扬手："没事，没啥大不了的，说吧。"

小晗妈妈说：“上学期，有个别的班的女孩子喜欢我们家小晗，一直在追求他。小晗并不喜欢她，没想到那姑娘很执着，每天站在教室门口等小晗，给小晗一封一封地写情书，小晗不理她，她有几次还拿着小刀在胳膊上划。这事小晗都没说，直到有一次我看他微信发现了，这才知道事情有多严重！”

说这话时，妈妈又扭头跟小晗说：“对不起啊儿子，我不应该看你微信，上回也给你道过歉了。”

小晗“哼”了一声，说：“你偷着看，我还能怎么样？”

“孩子大了，家长变成侦探了。”我开玩笑地说。

妈妈说：“是啊，他又不主动跟你说，要了解点儿他的动态，他还把我们微信、QQ屏蔽了，逼得我只好偷看了。”

“还说这事吧，后来我知道后，去学校找老师，约了那个同学的家长，大家一起想办法把这事解决了。我总觉得这事对我们孩子有影响。”

孩子长大了，有自己的秘密，并不希望家长知道。做家长的，当然还是会有各种担心，怕孩子出问题，所以就像侦探一样，偷看孩子的日记、聊天记录、微信。事实上，从小和孩子保持好的沟通，当孩子长大时，让他知道有些事可以自己应对，但如果实在造成困扰，就要和家长商量，家长会帮助他一起解决。这样也就避免了“一个防、一个查”带来的相互间的不满。

当事人自己的感受最重要

我看了看小晗，他神色一直不变，没什么表情，还在玩钥匙。

我说：“好的，这事我知道了。不过我想这件事有没有影响，我需要后边单独和小晗谈，毕竟当事人是他，他如果不表达，我们谁也不清楚他的真实感受。”

妈妈和小晗一起点头表示认可。

我注意到，小晗妈妈在谈话的过程中，一直在说她关心儿子的事，并没有提及小晗爸爸。

通常而言，孩子遇到状况后，父母都会共同参与。小晗妈妈的话里有很大的情绪，她的表情也提示我，他们的夫妻关系可能有点儿问题。

我问道："小晗爸爸对这事怎么看呢？"

妈妈脸上不自然地僵了一下，说："他爸爸管得不多，简单粗暴型，和孩子也不怎么交流。这事他没管，不用他管，我自己能解决。"

我没有继续这个话题。在观察了小晗母子间的互动后，我告诉他们，来做咨询的目的是希望减轻小晗的焦虑，接下来我希望和小晗先单独谈谈，也许后边需要家长一起参与。

"我一考不好，我妈就骂我"

家长在与孩子沟通中，常常忘记尊重孩子，这也是导致沟通不畅的一个原因。

有时，年龄大一些的孩子知道自己问题的原因是什么。

和妈妈一起的时候，我看到的小晗，是像这个年纪的很多男生一样，表现得不那么配合，有些无所谓，一副"高冷"的样子。但在和我单独谈话时，小晗好像变了个人。他很坦诚，解释说刚才之所以不怎么说话，其实是在观察我。他看到我和他周围的大人不太一样，我会尊重他的意见，这才打算开腔。

小晗说："老师，我知道我的考试焦虑原因是什么。"

"哦？那你说说看。"

"上初中后，我妈说她管我不严，也对，她平时是不太管我，可是我考试成绩出来后她就开始了。您看我妈，企业高管，平时温文尔雅的，我考试一考不好，她骂起我来，简直了！哎呀，我都没法说她。"小晗接着说道，"说实话，我挺怕她骂我的，她一骂我，我就汗毛倒竖，绝对不夸张。后来一考试我就紧张，其实我自己知道，我就是一想到考试万一考不好，那后果我害怕。我也想考好，可是谁也不能保证每次都正常发挥呀。现在，重要点儿的考试我考前都睡不好，那几天饭也不想吃。"

妈妈原来是小晗考试焦虑的始作俑者。

“你妈妈知道你的这个情况吗？”我问。

小晗摇摇头：“我哪敢说？说了又招骂。我妈也挺逗的，其他事都好办，就学习上，我一有点儿问题，她就变了个人似的。”

“哦，也是，那你妈妈说的那个女生的事对你有影响吗？”我继续问。

事情对孩子影响有多大，是要孩子自己说了算的，因为他的感受最实在。除了他之外的其他人，都只能是揣度他的感受，这个揣度准不准就不一定了。

小晗说道：“那事是挺烦的，不过现在解决了，我们又不在一个班，真没什么。我妈老说那事影响我，我不觉得。我觉得我考试焦虑就是因为我怕我妈骂。”

“我的理解是如果你妈妈不骂你，你的考试焦虑就会减轻，是这样吗？”我问。

“这个可以肯定，我自己学得也不差，考前没有那么大压力，应该会好很多。”

“请您帮帮我妈”

小晗想了想，又说：“老师，我在这里什么话都可以说吗？”

“当然，只要你愿意就可以说，我会为你保密。”我说。

小晗说：“好吧，老师。我这么跟您说，我觉得我妈应该找您做咨询。我妈和我爸关系不好，原来总吵，现在不怎么吵了，经常冷战，我觉得我妈压力太大，她的关注点全在我成绩上了，我成绩一不好，她就控制不住脾气。我爸在家不怎么说话，平时也不怎么理我，成绩出来了看看，不满意就吼我几句。我平时和我妈关系挺好的，她偷看我微信我虽然生气，但也不和她计较。就是他俩冷战，家里天天低气压，我不知道怎么办，挺无助的。”

小晗说完，又补了一句：“我说的这些话，您都可以跟她说，我答应她来咨询也是这么想的。我想看看您什么样，您要是值得信任的话，就请您帮帮我妈。”

原来如此。

小晗无助的样子再次提醒我，他只是个成长中的少年，他承受了本不该他承受的成年人的焦虑。

了解了引起小晗焦虑的原因，我评估小晗并没有其他问题，开始教他一些缓解焦虑的方法。

缓解焦虑的方法

要减轻小晗的焦虑，就要从源头做工作。了解了原因再教方法，才能治标治本。

缓解焦虑的方法：

①腹式呼吸：将右手放在腹部肚脐，左手放在胸部。

②吸气时，最大限度地“鼓肚子”，胸部保持不动。

③呼气时，最大限度地向内“收肚子”，胸部保持不动。

④循环往复，将关注点放在腹部，细心体会腹部的一起一落，慢慢达到身体放松，减轻焦虑感。

我们约好后边的咨询要和妈妈一起工作，如果小晗下次考试前还有较严重的焦虑，再提前约我。

“我要让孩子相信我，反正我做到了”

在和小晗妈妈工作时，我们谈了她对孩子发脾气的事，谈到孩子的无助，她泣不成声，说：“夫妻间的事，我并不想把孩子牵扯进来，我平时工作压力也大，再加上孩子爸爸很多事和我有分歧，现在动不动就冷战。我心里烦躁，还经常睡不好，平时尽量在儿子面前不表现出来。可是一看到他没考好，就气不打一处来，骂他一顿出气。我确实觉得我那时情绪失控得厉害，不过没想到给孩子带来这么大的影响！”

小晗妈妈叹了一口气接着说：“现在想想，我就是拿孩子的成绩撒气，孩子成绩也没那么差，我骂着骂着就收不住了。唉，我哪儿是骂孩子，我都不知道我是在骂谁出气呢！”

原本为小晗做的咨询由此转为针对妈妈的咨询，我们的目标是合理宣泄情绪，进行压力调适。

关于夫妻关系问题，我提议如果小晗爸爸愿意的话，可以找另一位咨询师来做夫妻咨询，这也是出于咨询设置的考虑。

后来小晗妈妈告诉我，他们两口子一起做咨询了。现在关系已经有所改善。

我和小晗妈妈做了几次咨询，期末到了。小晗妈妈说，期末考试前她郑重地告诉小晗，妈妈知道他努力就足够了，肯定不会因为成绩再去骂他，说到做到。

我笑着问："有效吗？"

小晗妈妈也笑了，说："我要让他相信我，反正我做到了。"

小晗没有再约我的咨询，看来，他的考试焦虑暂时不太困扰他了。

想对父母说的话

家庭出了问题，孩子很容易成为"替罪羔羊"。

小晗的妈妈因为各方面的压力，有很强的焦虑情绪。而当这些问题解决无望时，她将所有关注点都放在孩子身上，将孩子的成绩作为自己宣泄情绪的出口。家长的负面情绪需要宣泄，选择合适的宣泄途径就很重要了。无论如何，孩子不应该成为这个出口。

小晗的问题表面是考试焦虑，实则是承受着来自妈妈的压力，焦虑着妈妈的焦虑。而当家庭变得和谐，三个人的关系慢慢修复后，所有问题就迎刃而解了。

练习：学习宣泄愤怒情绪

愤怒情绪是每个人都会有的，而且它无时无刻不在我们身边。

愤怒本身没有错，它只是一种正常的情绪表现而已，之所以它会带来不恰当的后果，是因为我们表达的方式不合适。

像愤怒这样的负面情绪，就好比是毒药，如果不排解出来，会一直留在身体里，日积月累，会慢慢侵蚀我们的健康，久而久之就会引发心理问题或身体疾病。

重要提示：合理宣泄情绪，可以达到“解毒”作用，从而确保自己的身心健康。

前提：不伤害自己，不伤害他人。

小测试：生气时，你用什么方式进行情绪宣泄？

____

____

____

____

仔细回想最近自己的情绪状态，在下图中选出自己常用的宣泄方式，并涂上颜色。相信你看到结果就会明白这样的方式恰当与否了（如果圈内文字没有涵盖你的一些惯常方式，也可以在空白圈内添加）。

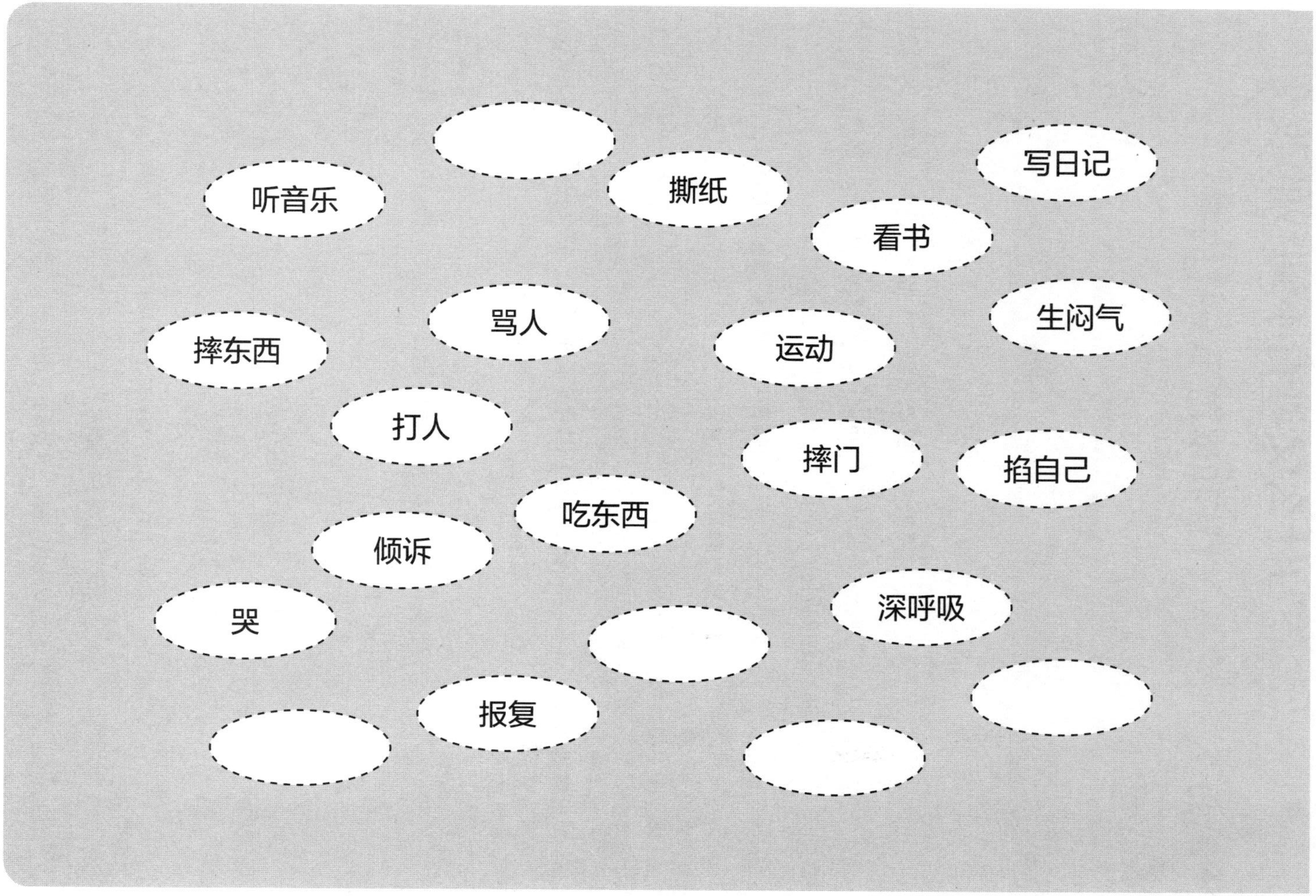
写日记
听音乐
撕纸
看书
骂人
捧东西
运动
生闷气
打人
摔门
掐自己
吃东西
倾诉
哭
深呼吸
报复

“为什么父母看不到我的改变”

——做些和以前不一样的事

小亮跟着妈妈进门的时候，两个人还在争执。就听小亮说：“我好端端的，你非要我来做咨询，我真没什么可说的呀！”

小亮十六七岁的样子，穿着缀有铆钉的上衣，破洞牛仔裤，颇有些朋克风格。见到我后抢先说话：“老师，我又没灾没病的，我妈非要让我来咨询。我没事，是不是可以回去了？”

小亮妈妈拍了他一下，嗔怪道：“在老师面前说话礼貌点儿，瞎嚷嚷什么？来了就要听老师的。”

我笑着说：“既然来了，那咱们就先谈谈看，不是有心理疾病的人才来我这里咨询，一般我们接待的都是遇到心理困扰的人。”

在此也为心理咨询再次“正名”：一般我们接待的都是遇到心理困扰的人。通常第一次会对来访者进行评估，如果不符合心理咨询的服务范围，就会建议来访者去医院就诊。确认有精神类疾病的来访者，须病情稳定，正在服药，遵医嘱进行心理咨询的，才是我们服务的对象。

“把你那破吉他给放放”

小亮没再说话，选了个单人沙发坐了下来。

我对小亮说：“我刚才听你们说话，似乎妈妈有一些困扰，而这困扰好像和你有关呀。”

妈妈说道：“老师，您说得太对了！我的困扰可不就是因他而起嘛！他天天不好好学习，眼看着就要高二会考了，我都担心死了，这要是连会考都过不了，可怎么办呀！”

小亮笑嘻嘻地说：“妈，你烦不烦呀，天天就这点儿事。我跟你说八百回了，你别担心我，我会考准过。”

家长的担心与孩子的满不在乎形成强烈反差，是孩子盲目自信还是家长不了解孩子？

“就你现在这样子，你拿什么过？我跟你说，你老师以前老请家长去学校，我觍着脸去一回被说一回，去一回被说一回，那时候觉得挺丢人。现在倒好，人家老师都放弃你了，连家长都不请了！”

“不请不更好吗？省得您再嫌丢人。”小亮笑着说。

小亮妈妈转向我，说道：“老师，您看到了吧。就这二皮脸，我是真管不了他。我就想着能让您劝劝这孩子，好歹把会考过了，大学我都不敢想，至少咱得高中毕业吧。”

家长让心理咨询师劝孩子听话，也是一个误区，心理咨询师并不是家长的“说客”。

小亮说：“妈，我当着老师的面再给您说一遍，会考我肯定能过，大学嘛，我也尽量给你考一个！”

“小祖宗！你可别说给我考，你考大学那是为你自个儿！”小亮妈妈愤愤地说，“行啊，你要真有志气，把你那破吉他给放放，别跟你那乐队的几个孩子天天混一块儿了，你就狠狠心专心学习！”

小亮一听，急了：“妈，你怎么一点儿面子不给啊！学习是学习，乐队是乐队，扯什么呀，还破吉他，还混一块儿！”

母子俩这几个来回下来，我算是听明白了一点儿。

我对小亮说：“我刚才听到你妈妈说到吉他、乐队的事，你愿意跟我讲讲吗？”

小亮看了妈妈一眼，然后看着我说：“老师，我能单独跟您讲吗？我妈在这儿，我一说她又不爱听，一会儿又该急

妈妈的用词显然是孩子不愿意听的。家长在与孩子起争执时，要尽量注意不要用贬低的词语来形容孩子心爱的物品或他的朋友。

听到这样讽刺的语气，看到母子俩的互动，我猜这个家庭已经不知道上演过多少回这样的情景了。

了，又该重演我们家的‘戏’了。”

妈妈飞快地接过话，说道：“赶紧的！快让老师听听，让老师看看你这学上得多潇洒！再让老师好好劝劝你！”

“我就是故意和妈妈对着干”

小亮总是先发制人，妈妈一离开，他就说：“老师，您甭劝我，我心里都明白。”

“我可没跟你妈妈说要劝你，我只说咱俩谈谈呢。”我笑着说。

小亮的说法很有代表性，大多数孩子都不喜欢大人没完没了的说教。

小亮摸摸头，不好意思地说：“我天天听他们教导，耳朵都快起茧子了。我怕您再给我来一遍。”

我告诉小亮，心理咨询师不会一上来就“教导”，我们更希望先听听孩子的想法。

我从小亮的讲述中得知，小亮爱好音乐，课余时间和几个朋友组了个乐队，小亮妈妈坚决反对，理由是会耽误学习。当然，小亮的成绩的确不是太好。

小亮告诉我：“老师，我以前是不爱学习，可是我知道我脑子不笨，再加上我学的文科，我觉得我可以在剩下的两三个月把功课补起来。可我妈就是不信，还不让我和乐队的小伙伴来往。吵过多少回了，我现在也改变策略，不跟她发生正面冲突。我觉得我做得还行吧，可是我现在真开始学习了，她不信啊！这不，硬把我拽来了。”

我看着小亮，重复了一下他刚才的话：“你已经开始好好学习了，可是你妈妈不信。”

孩子有小小的“狡猾”，他会避重就轻，来博取他人的同情，这也是拉人“站队”的一种表现。

“对啊，根本不信！压根就不相信我呗。”小亮说。

“你妈妈看到你在学习，也不信，是这样吗？”我问道。

“啊——其实——那个——老师——是这样，我妈在家很少看到我学习。”小亮吭唧起来。

“哦？那是什么情况？”我说。

“我觉得我在学校好好学习就行了，在家我还想休息会儿，因为在学校学一天很累了啊。我原来在家不学，在学校也不学，现在我在学校真的开始好好学了。”小亮说。

“那你妈确实看不见。”我笑着说。

小亮也笑了，有点儿不好意思，说：“我是有点儿和我妈对着干的意思。唉，我妈天天唠叨我、讽刺我，不然就是发火，老拿乐队说事。我是真受不了她。其实，我也知道她想看到我学习，我就是拧着劲，故意气她。”

只有当小亮“看到”了自己行为背后的真实想法——和妈妈对着干，反抗妈妈的不理解、不认同时，他才能认识到自己身上的问题，理解妈妈也从这一刻开始。这是孩子做出改变的第一步。

做些和以前不一样的事

温和友善永远强过激烈狂暴。伊索寓言中有一则故事讲的是“太阳和风”：太阳和风争论谁更有力量。风越用力吹，路人越是把外套裹得更紧。而太阳则温暖地照着路人，渐渐地，路人出了汗，把外套脱下来。对待孩子也是一样。温和就是一种力量，一种态度。

我问小亮：“小亮，我听到了你想要好好学习的意愿，我相信你也在做了。我在想，以你的智慧，有没有办法让你和妈妈之间的关系变得融洽些，让她也能相信你呢？”

“老师，我觉得这都不是事儿。您看啊，您这么和我说话，我就愿意听，也愿意承认自己的问题。要是我妈能跟您似的这么说话，我也不拧着来了，我也能在家学习，让她看着舒心点儿。”小亮说。

“这是对你妈妈的期望，那你自己呢，你可以做些什么和以前不一样的事？”我继续问。

“做些什么和以前不一样的事”是充满积极暗示的语言，暗指孩子的心已经开始改变，只要行动再改变，就会和以前不一样。

“那我就主动在家学习、背书呗，我其实现在有时也在家学习一会儿，但是她总不满意，一方面觉得我这样还远远不够，另一方面还总扯上我乐队。我是真不爱听。”小亮一遍遍强调不爱听妈妈反对乐队的事。

家长有时认为孩子感兴趣的事是“不务正业”，认为学生要以学习为主。这个观点本身并没有问题，毕竟孩子还要经历很重要的文化课考试。不过家长还是尽量不要打击孩子的爱好，如果觉得现在这个时间段并不适合他在这个爱好上投入太多精力，可以和孩子进行协商。在不打击这个爱好的前提下，通常其他的都可以谈。

我告诉小亮，要想和妈妈减少矛盾，是需要大家一起努力的。我会和妈妈谈谈，然后看看我们三个是否能达成共识。

父母的态度不一致

我请小亮妈妈谈谈对小亮的整体看法。

小亮妈妈说道："其实他除了不好好学习外，其他都还挺好的。在学校人缘也好，有很多朋友。实话说，那小乐队在学校演出，我看视频觉得挺不错的。可是这当个兴趣爱好挺好，也不能全迷上，指望将来吃这碗饭呀，我觉得太悬了。"

小亮妈妈当年因为家庭经济困难，高中毕业后就工作了，后来参加了成人自考，拿到了本科文凭。

夫妻没有共同前来，我通常要询问另一方的态度。尤其是三口之家，容易形成2：1或1：1：1的格局，了解每一个人的态度极其重要。

她说："我自己工作后再参加成人考试，知道其中的辛苦，就想现在让孩子好好学习，正常高中毕业考个大学。所以他组乐队什么的，我真觉得太不务正业了！"

"真是可怜天下父母心啊！"我说道，"不知道孩子爸爸是什么态度。"

"嗐！他什么态度啊，他不管，觉得儿子这样挺好。我老公特别想得开，他觉得即便儿子考不上大学也不要紧，儿子喜欢玩乐队就让他玩去吧，只要健康快乐就好。幸亏他在外地工作，不然我俩也得为这事吵。"小亮妈妈说，"老师，您说我俩为什么观点就这么不一致呢？"

家谱图

家谱图是心理咨询中经常用到的工具，通过家谱图可以看到一些家族传承的模式、规则等，会帮助个人理解自己何以成为现在的自己。

家谱图讲述的故事

我请小亮妈妈画了个家谱图，让她思考她自己原来家庭的规条、父母对子女的教养方式等内容。

画好后，小亮妈妈给我讲她家的故事。小亮妈妈家里有三个孩子，她是老三，有哥哥和姐姐，父亲最宠她，不仅仅因为她是最小的孩子，还因为她从小学习好。

小亮妈妈说，当年自己知道家里经济状况不好，坚持不考大学，母亲和她说父亲遗憾了很久。所幸后来自己努力修完了本科，还算做了弥补。

“在我们家，学习是最重要的。典型的‘万般皆下品，唯有读书高’。”小亮妈妈突然说道，“我对小亮的要求，这绝对是家里带来的思想啊。我爸一提到小亮的学习，他也不说什么，就叹气。之前我也没多想，觉得谁家都希望孩子学习好，有出息。现在看来，这就是我们家的一个理念，我是默默地把我们家这个理念继承下来了。”

家庭的传承就是这样，发生在不经意间。

“小亮这几年成绩不好，我一直觉得抬不起头来，临近会考，我越来越着急。您刚才问我怎么看他，我才发现我急起来，就忽略了孩子的好多优点。”

我赞许地点点头。

小亮妈妈情绪有些激动，说：“当局者迷，这么明显的事实我自己从没认真想过！我因为太在意学习成绩，对小亮态度比较急躁。别看他嬉皮笑脸的，孩子心里也烦，这个我都知道。其实，要是别人家的孩子，我也觉得孩子往自己的兴趣爱好方面发展挺好的。”

对别人家的孩子和对自己家的孩子双重标准，这是很多家长经常表现出来的态度。

孩子的变化你注意到了吗

我不失时机地补了一句：“实际上，小亮最近已经有了些变化，你注意到了吗？”

小亮妈妈顿了一下，说：“他好像真的在学校学习。上人们对信息的接收，很多时候是有选择的。尤其是在动机比较强的时候，人们更愿意接收那些能够满足自己期望的信息，而其他信息则可能被忽略掉。

周他们同学上我家玩，这么说了一句，我没放在心上，我还是不信他。也是啊，最近有时在家也学一会儿，只是达不到我的期望，我自动忽略了。”

“其实，我应该相信孩子的。”小亮妈妈喃喃地说。

“沟通时也要注意，最好多些平等交流，尊重孩子的兴趣爱好。”我提醒道。

我们三个人又坐在一起。这次，小亮妈妈主动检讨，表示以后再也不唠叨乐队的事，发现小亮的进步及时肯定，最重要的是，要信任儿子。小亮也很感动，觉得妈妈能够真正尊重他，他也会往前走一步，在家里抓紧时间学习，争取会考不让妈妈担心。

我送母子两人出门，看到妈妈挽着儿子的胳膊，早不似来时的“推推搡搡”。

想对父母说的话

当孩子的学业与兴趣发生冲突，家长如何帮助孩子进行平衡？家长又如何平衡自己的内心？这是每个家庭太常见的议题，也是太常见的冲突起因。

其实，2000多年前，孔子就提出“因材施教”，人们早已将这几个字背得滚瓜烂熟，但在大部分人心中，依然遵循着“万般皆下品，唯有读书高”的理念，将读书视为学习的唯一方式。

是什么让我们一直保持着这样的认识？又是什么让我们将这样的观念在一代又一代人之间传递下去？案例中，小亮妈妈执着于儿子的学习成绩，其行为背后的心理动因又是什么？

这既来自于她独特的成长经历，也有原来家庭的影响。只有当小亮妈妈能够跳出“圈”外时，她才终于看到自己略有僵化的家族规条。因此，原来思维中的条条框框被打破，改变得以产生。自省和反思，平等地和孩子交流，互相尊重——冲突的解决原本并不复杂。

练习：家庭规条转化

每个家庭都有一些说出来或没有说出来的规则，来界定规范家庭成员的言行举止。比如：一定要好好学习，必须要把每件事情都做得完美等。

•向重要家庭成员学习来的家庭中的一些期待：应该如何与人打交道，如何处理现状等。这类规条通常包含一些像“一定要”和“绝不”这样的词汇。

•生活里的点滴、父母的一言一行、对孩子的态度等，也是家庭规条。

不是所有的家庭规条都是令人舒服的，但家庭规条是可以转化的。换一个角度看这些规条，可以帮助我们得到更大的释放和自由。

家庭规条举例：

•没有人可以帮助你，除了你自己。

•凡事一定要争第一。

相应的家庭规条转化：

•没有人可以帮助你，除了你自己。

转化后：求助是一项能力，要学会用身边的资源来帮助自己，这样会有更大的提升。

•凡事一定要争第一。

转化后：

没有人能够做到事事领先。做事情尽自己最大的努力，对结果泰然处之。

静下心来想想看，你家都有哪些家庭规条束缚着你，尝试着写下来。

① ____________________

② ____________________

③ ____________________

想想看有没有转化的可能？将转化后的规条写下来，并试着去实践：

① ______________________________

② ______________________________

③ ______________________________

玩游戏能带来成就感

——用小目标，带来大改变

小方坐在咨询室的等候区，手忙个不停，一直在玩手机游戏。跟着妈妈进了咨询室后，还时不时拿出手机来看看。

“我是管不了这孩子了”

妈妈训斥道：“小方！你能不能不看手机！”小方耸耸肩，把手机放在边上。一会儿又瞄一眼。小方妈妈一脸无奈：“老师，您看，这就是他的常态。我是一点儿辙都没有了，明年就要中考了，他这状态，怎么考啊，可愁死我了！”

小方接了话：“你就爱发愁，我爸怎么就不愁呢。”

“是啊，我没你爸那么心大！到时候上不了高中，还不得我去到处求爷爷告奶奶，你爸什么时候管过你上学？”小方妈妈不由语气激动起来。

“你明明知道我爸工作忙，老这么说，有意思吗？”小方斜靠在沙发上，说道。

“你爸工作忙，工作忙就是一切啊！你的事全是我操心，到头来我还不落好！”小方妈妈气恼地说。

“我爸虽然忙，但他不凶我，哪像你，天天看我哪儿都不顺眼。”小方说着，又去摸手机，摆出不想再说话的这母子俩，从进咨询室就没有好好说过一句话。这就是他们现实生活中的样子。

样子。

“我是管不了这孩子了，不好好学习，在家就是玩游戏。不说不行，说了就这样，要不就爱答不理，要不就是吵一架，天天这样谁也受不了啊！”小方妈妈沮丧地说。

“谁不学习了？你说话总是那么不客观！”小方反驳道。

“小方，你和爸爸说话时是什么样子呢？”我问道。

“我爸和我虽然话不多，但我俩能好好说。”小方歪在沙发上说。

“看来和爸爸说话时，你并不是现在这个样子。”我笑着说。

小方有点儿不好意思地坐直了身体，说：“我爸就是我的天使啊，我有进步就给我发红包！上次说我数学要是进步了，他就奖励我，然后我真的进步了，他就奖了我500块。”小方美滋滋地笑着。

妈妈忍不住开口，斥责道：“你那是什么爸呀！数学就考了个60多，还一下就给500块的奖励！有这么当爸的吗？”

小方翻了翻眼睛，嘟囔了句：“你不给还嫌我爸给，真是！”

玩游戏能带来成就感

很多时候，家长总是希望咨询师能够站在自己一边，尤其是这种认为孩子“毛病不少”的家长。通常这时候，需要先来看看孩子的“毛病”到底是怎么回事。

看起来这家的夫妻在教育理念上并不一致。

我询问小方妈妈，他们来咨询有什么期望。

小方妈妈说，希望我能和孩子谈谈，让他改掉现在的毛病，能够努努力，好好学习。

“也许我需要先和小方谈谈，了解一些情况，我们再来确定真正可行的咨询目标。你看可以吗？”我问小方妈妈。

“可以的，我也希望他能和您说说真心话，我也不知道他心里都想些什么。”妈妈说。

妈妈出去后，小方在沙发上绷直了身体，戒备地看着我：“老师，要了解什么呀？我不能保证我愿意和你聊。”

“我不能保证我愿意和你聊”，这是很多孩子被父母带来咨询的心态，他们从一开始就是抵触的，因为他们太习惯于大人们的“论调”了。

“随便聊一聊，全方位了解一下你的情况，因为我也不能只听你妈妈说的呀，我要尊重你。”我看到小方吁了一口气，身体往后靠了靠。

“刚才看到你在玩游戏，在玩什么？”我问小方。

“老师，你玩游戏吗？”他问我。

“我不玩的，现在没有时间玩游戏呢。”我说。

小方笑了一下：“那你问我，我说了你也不知道啊。”

“也许我也听说过一点儿，不过确实玩什么不重要，重要的是游戏能给你带来什么？”我说。

游戏种类繁多，喜欢玩游戏的人，各有各的喜欢。了解到游戏能给他们带来什么，很有必要。

“带来快乐啊！玩游戏多爽！”小方大声说。

“除了快乐，还有别的吗？”我接着问。

“我想想啊，”小方想了一下，说，“成就感！我游戏打得好着呢！”

我笑着说：“看来你也有一颗向上的心啊！”

“当然了！”说到游戏，小方的自豪感溢于言表。他口若悬河地给我讲他现在打的这个游戏的相关内容。我认真地听着，找个机会转向了别的话题。

“一直以来她都看不到”

“那么，除了游戏之外，这个‘努力向上’有没有体现在其他方面呢？”我问。

小方一下像泄了气的皮球，说道：“这就是我妈不满意我的地方呀，她觉得我聪明，就是不上进。”他停了一下，接着说：“其实吧，我真觉得我尽了最大的努力，可是我妈就是看不到。一直以来她都看不到。”

“一直以来她都看不到”，从这句话中，我听出了小方的无奈和委屈。

小方给我讲了他的经历。小学四年级对他来说是个分水岭。那之前，他的成绩还是不错的，尤其喜欢语文和英语。但是五年级后换了个数学老师，小方说那个时候他突然不太能听懂数学，慢慢地，对数学越来越没兴趣，成绩越来越差。那时父母工作都忙，回家很晚，就托邻居奶奶每天接自己放学，在奶奶家吃完饭回家。回家后也不写作业，就玩游戏。印象中那时父母也不太管，稀里糊涂就小学毕业了。

初一也这么混过去了。突然有一天，妈妈辞职在家，开始全面监管小方的学业，并请了家教一对一上课。小方说，他自己基础太差，家教讲的都是现在的课程，上了一段时间，花了不少钱，效果也不好。自己不想学了，为此和妈妈大吵一架。

小方说：“我爸就是那种‘空中飞人’，忙得经常见不到人影。关于学习成绩，我爸和我妈观点不一样，他管得松，觉得差不多就行，而且他有时还和我玩会儿游戏。可我妈完全不一样，她什么都管，什么都得听她的。天天凶我，您刚才看见了吧，她平时就这样。我知道她是为我好，生活方面她也特照顾我，可她那样说话我就是接受不了。我现在就是传说中的逆反吧。”

夫妻教养方式不一致，要么让孩子无所适从，不知道听谁的，要么就是孩子明显喜欢态度宽松的那一方家长，这也是符合人类本能的“趋利避害”原则的。

我笑道：“你自己都说自己逆反。”

“是呀，不能听我妈说话。本来想学一会儿，一听她说话，烦得就不想学了，不想学可不就玩游戏嘛。”小方说。

欠债太多，不知道从哪里开始

“对你爸不逆反？”我问。

“是的，他宽松啊，还给我许诺，这样我就会努力。可是他又忙，有时一周都见不到他一次。所以我的劲头两天又过去啦。”小方说。

“看来你还是有自主学习的能力的，只不过动力不太足。”我说。

“是呀是呀，我能自己学习，当然，我指的是我会的那些科。像新加的学科，化学什么的，不存在基础差的问题，我能学会，还挺爱学的。”小方点头道。

“嗯，其实每个孩子都想追求进步，不过在追求进步的过程中会遇到这样那样的困难。比如你，总结一下，你觉得现在遇到的最大的困难是什么？”我问。

每个孩子都想追求进步，不过是追求进步的过程中遇到了这样那样的困难。对于孩子们表现出的那些问题，家长可以从这个角度看。可以试着从帮孩子解决困难入手，而不是着眼于那些问题本身。

“我妈！”小方不假思索地说，“我觉得我妈要向我爸学习，好好说话，多给我物质鼓励。”

我笑了起来，说：“文化课的学习动力来自物质鼓励。”

小方挠挠头，有点儿不好意思地说：“一部分。”

“我理解之所以需要物质鼓励，主要原因还是你之前说的基础不太好，这样导致成绩不好，没有自信，时间长了，也没有向上的动力了。你觉得是这样吗？”

小方想了想，说：“差不多是这样吧。有时也想学，就是欠债太多，不知道从哪里开始。”

“我听到了很重要的信息，比如你现在成绩能通过一些有针对性的努力得到提高的话，你的信心会增强一点儿，那时似乎物质鼓励并不是最重要的。”我说。

如果注意提取语言中正向的部分，还是可以看到调整的方向的。

小方狡黠地笑着，说：“虽然你说得对，但我还是爱物质奖励。”

“不矛盾的。如果我们精神支持加上物质奖励，那岂不是更好！”我说。

“那敢情好，可是难啊！”小方老气横秋地叹了口气。

“困难当然有，但毕竟还不到绝境，一会儿咱们和你妈妈一起来想办法，你愿意配合吗？”我说道。

“愿意。其实，现在这样我也别扭。”小方回答道。

没有人会抗拒建立在平等、尊重基础上的对话，孩子也一样。

“好，谢谢你愿意和我聊这么多。刚才我还担心你不愿意和我聊呢。”我开玩笑道。

“啊！就是，我怎么说了这么多，哈哈！我跟您说话就没觉得有障碍，我都忘了我刚开始不太想说了。”小方调皮地答道。

和游戏闯关一样完成每个小目标

小方已经习惯和妈妈对着干了，和妈妈说话一时也还是平时的老样子。

小方妈妈殷切地等着我们。小方直接开口了：“妈，我跟老师谈得挺好的，不过老师并不是像你希望的那样劝我，你失望吧？”

小方妈妈一时语塞，疑惑地看着我。

我简要和小方妈妈交流了一下，邀请她一起做两件事。一是从现在起，调整和小方说话的语气。二是我们三个一起来为小方的学习协商一个小目标。

对于第一件事，小方妈妈面露难色，说：“学生不就应该好好学习吗？他一不好好学习，我心里的火‘腾’一下就起来了。这怎么办？”

“是啊，希望孩子好好学习，当这个希望在你看来总是落空的时候，肯定是有愤怒情绪的。不过，我在想，如果我们依然不进行调整的话，就陷入和之前一样的循环中，并没有解决问题。”我继续说，“我们可以试着调整一下。比如刚才说到的对愤怒情绪的管理，单从行为调整的角度来看，是有一些方法的，你可以在愤怒产生时离开当时那个场所；或者做深呼吸，让自己平静一小会儿，再来看愤怒情绪有没有变化。”

将小方妈妈的“应该好好学习”替换成“希望好好学习”，传递出的信息也会不同。

“我在带儿童青少年团体时，孩子们发生冲突，往往会想到用拳头来解决问题。这时其他人会一边拉着他们，一边帮他们一起倒计时15秒。因为我们有个约定，这15秒钟是冷静时间。通常情况下，15秒钟过后，他们会稍平静一点儿，避免了很多肢体冲突。”我说。

用别人的成功经验来代替直接地给建议，这样更有说服力。

小方拍着手：“这个好！我妈一吼我，我就大声给她倒计时！怎么样，妈？同意不？”

小方妈妈尴尬地笑了一下，说：“好吧，我试试。”

我冲她竖了个大拇指。

随后我们三人一起讨论了小方学习的小目标，小方妈妈纵是再心急，也认同了“滚雪球效应”。我告诉她，滚雪球效应最大的作用，就是当一个小目标实现时，会让小方的自信提升一点儿，这样会促使他继续往前走。我们通常会习惯把目标定得高远些，但如果实现起来太困难，很多人都会放弃，这在心理学上也正常。像滚雪球一样，一点点走，前进一小步，终将会带来大改变。

我请小方把每天完成的小目标，或者其他进步记在一个专用的小本子上，起到鞭策作用。小方愉快地答应了。他说：“这不是和游戏闯关一样吗？我感觉我能做到。”

小方妈妈半信半疑地走了。

“我活了几十年，才开始真正学说话”

下一次咨询时，小方妈妈独自来了，她带来了小方写的纸条：

妈妈“吼”孩子，是非常常见的。其实，好好说话是可以解决大部分问题的，所以妈妈的情绪控制很重要。

老师，我妈妈这周好多次都忍住了，我很开心，她不吼我，我就好好和她说话了。我和我妈一起定的小目标也做到了，我觉得这种方法真好！我打算后边自己定小目标，我有信心！所以我就先不过去了，这几天因为完成小目标的事，游戏玩少了。我妈说她去咨询，我可以趁这个时间玩游戏。

后边画了个“胜利”的表情。

小方妈妈感触良多。她说回去抱着试试看的想法，努力调整了一下，没想到作用那么大，至少上周两个人相处愉快。改善了和孩子的关系，静下来想想，才发现自己和别人说话也容易语气不好，有时候得罪人都不知道怎么得罪的。还说，怪不得小方爸爸有时和她说话也烦。之前都觉得自己委屈，在家里做了那么多事，还得不到家人的认可。现在才发现说话是多么重要。

随后，我们一起讨论他们夫妻对于小方的教育理念的不同。

他们之间最重要的矛盾点在于：小方妈妈事无巨细地管孩子，爸爸由于平时没时间，就采用“简单粗暴”的金钱奖励政策，而且出手大方。妈妈很不认同，觉得这样会让孩子在金钱方面产生一些观念上的偏差。

因为小方妈妈来咨询，所以引导她试着理解丈夫。事实上，如果小方爸爸也能在场的话，他的理解对妻子也是非常重要的。

我引导小方妈妈尝试着理解丈夫的心情，用学到的好的沟通方式来与丈夫商量，并且可以考虑建立家庭共同协商制度，请小方一起参加，在全家都同意的情况下实施合理的奖励。

此后，小方妈妈的咨询更多是在进行沟通方式的练习。她打趣地说：“我活了几十年，才开始真正学说话。”

事实上，她在真正“会说话”后，尝到了甜头。家里气氛越来越好。

小方在调整的过程中，也有反复，中间也来做过咨询。改变的过程，会呈现螺旋式上升状态，反复是正常的，只要往前走就好。

想对父母说的话

在家庭教养中，这家的夫妻二人跳着节奏不同的“双人舞”。妈妈严厉，爸爸宽松。小方选择了趋利避害。还有一些类似情况的孩子则是无所适从，不知道该听父母谁的，活得和小方一样辛苦。

每个人对孩子的教养方式，与各自的家庭背景、成长环境有关。两个背景不同的人，组成新家庭，将教养方式达到平衡状态，不是那么容易的事。沟通是协调矛盾的表现形式。沟通好了，夫妻间的“双人舞”才能步调一致。

当然，沟通背后的那些功课，是需要做很久才能看到效果的。夫妻双方，如果有一方能够先迈出改变的脚步，设身处地从对方的角度思考，有意识地学习和运用恰当的方法处理家庭关系，会带动整个家庭的齿轮转动起来，从而引导家庭生活一步步回归正轨。

练习：你每天说多少个“应该”

你应该剪头发了。

你应该一回家就写作业。

你应该早睡早起。

你应该考进前三名。

……

这些是不是你熟悉的话语?

“应该”这个词反映的是说话者的主观愿望，有发号施令的意思，隐含不平等信息。

没有人总喜欢被教训。

父母表达方式的改变可以让孩子更愿意接受。试试看，少说“应该”，说之前先听听孩子的想法，再用“可不可以”“希望”之类的词来替换“应该”。看看效果如何?

当然，“应该”不是要被我们从字典里划掉，只是减少说它的次数。

自测

把自己每天和孩子交流时用“应该”的语境和次数记录下来。记录一周，然后梳理一下，看看有哪些是可以不用“应该”也能更好进行表达的内容，下周则可减掉一些，这样坚持一段时间（比如一个月），看看与孩子的沟通有没有一点儿变化?

①____

②____

③____

④____

⑤____

第 2 章

控制的关系

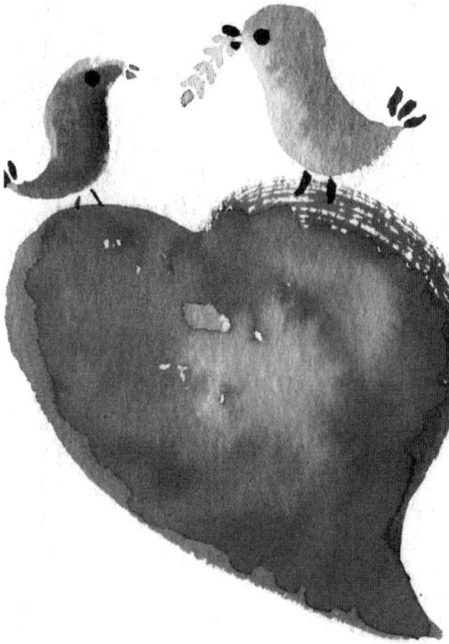

“我就是那种只知道学习的‘好孩子’”

——不要替孩子安排他的人生

小颖27岁，是一名在读博士生，正常的话她明年就可以博士毕业了，可是她现在每天都在想着退学。

这样活着有什么意思

类似“活着有什么意思”这样的话，有人是带着情绪说气话，有人却是认真在说。对于后一种，需要引起我们的警惕，也许这正是他发出的求助信号。

小颖留着短发，穿着很中性。她说自己的论文还只字未动，她一点儿都不想写。每天都不开心，不知道做些什么好。不会说话，人际关系不好，人长得不漂亮，又不会打扮，没有男朋友……说着说着，小颖苦笑起来，说：“老师，你说我这样活着有什么意思？”

评估了小颖并无自杀意愿，只是眼前有太多的困难，我请她详细说说刚才提到的那些问题。

小颖看着我，又是一丝苦笑：“所有地方都不顺，我也不知道从哪里开始说。”

“从哪里开始都行，没关系，我跟得上你的思路。”我说。

小颖沉默了一会儿，摇摇头：“千头万绪，还是不知道从哪里说起。还是您来问我吧。”

我请她讲讲她的成长史。

小颖说，她从小学习成绩特别好，很听话，因为成绩好，老师很喜欢她，身边也有朋友，总之算是一帆风顺。如果非要说有挫折，那就是高考没有发挥好，考了省内的高校。

高考选专业非常重要，很多学生进大学前根本不知道自己未来的专业是怎么回事。在此提醒家长，如果可能，有条件的话可以在孩子报志愿时多了解所选专业的情况，让孩子参与决策。

小颖说：“当时完全不懂要读什么专业，由着我爸给我选了个他当年学的专业。”

“我就是那种只知道学习的好孩子，”小颖皱着眉说，“我爸读到硕士，在他的那个年代很厉害。他跟我说，大学一定要好好学习，不要谈恋爱。我进了大学，果真没有谈恋爱，但是那个专业并不是我喜欢的。我爸说不要转专业了，将来这个专业找工作他能帮上忙，不喜欢也不要紧，要学肯定能学会，他相信我。”

“我硬着头皮学着那个专业，到大三时，我爸说让我准备考研究生，现在没有硕士学历工作都不好找。然后我就考研，考上了，还是我不喜欢的专业。不过硕士的毕业论文要求不高，我好像也没费什么劲就完成了。”小颖说，“这时，我爸又来安排我了，他说硕士都读了，不如一鼓作气读个博士，学历当然是越高越好。我当时比较迷茫，也不知道除了读书我还能干什么，然后就读了博士。”

小颖冷哼一声：“我爸非常高兴，逢人就说他女儿在念博士，在周围人那里风光得不得了。可我就惨了，读硕士时感觉就是混的，根本不会做研究，这个专业我一直喜欢不起来，做研究也没什么方向。读博士就抓瞎了，我从博士生一年级开始没多久就想退学，我爸劝我，说只要努力，肯定行。我也试着努力了，但还是不行。今年是第二年，我说我这个一路听从父亲安排的孩子，读到博士，终于开始有了自己的想法。

要退学，我爸说再坚持一年就毕业了，现在这个情况，我觉得我能不能毕业都是个问题，我怕我坚持不到明年了。”

小颖沉浸在自己的诉说中，眼睛看着窗外，一眨不眨。片刻，有泪珠滑落下来。

“我恨我爸！”

“我在北京没什么朋友，因为心情一直不好，和实验室的同学们关系也很一般。舍友去年结婚了，很少在宿舍住，平时就我一个人。我已经27岁了，想谈个男朋友都没有途径认识人。我怎么把生活过成这样？提起这些，我就悲——从——心——来——”她一字一句地说着这几个字。眼泪再也控制不住。

父亲可能没有想到，自己为了女儿的前途铺好了路，换来的却是女儿的恨。

“我恨我爸，他的封建家长作风耽误我到现在，我觉得我之前的十几年都白活了！”

这是一个不能参与决定自己生活的女孩。她并没有明确的咨询目标，因为她不知道自己想要的是什么。陷入悲伤和怨恨中的她，已经没有能力思考这些。她说，自己像行尸走肉一样生活，脑子空白，白天睡觉，晚上在网上乱逛，打无聊的小游戏“杀时间”。

我问她，爸爸是否知道她现在的真实状态。

小颖摇摇头，说：“我还是不敢告诉他，他有讲不完的道理，而且脾气不好，从小到大我都没有违背过他的意愿。我很怕他，也很疏远他。我从不主动给他打电话，都是他打过来。”

“妈妈那里呢，你和妈妈关系会近一点儿吗？”我问道。

"我妈一辈子都听我爸的，我爸有文化，她崇拜我爸，认为我爸就是真理的化身，说什么都对。我也就是和她扯点儿闲篇，再就是她担心我的终身大事。其他的我也不说。"小颖说，"我现在电话打得越来越少了。"

小颖无助地看着我。

我再次感谢了小颖的信任，我告诉她，在咨询师面前的讲述，除了情绪宣泄外，还有对目前困境进行梳理的作用。通过梳理，她可以想想自己期望在咨询中获得什么样的帮助；如果愿意，可以想想自己想要什么样的生活，后边我们一起来想办法，看看在外部环境无法变化的情况下，怎样离自己想要的生活近一点儿。

陷入困境的小颖能够鼓起勇气走进咨询室，主动寻求帮助，情况就不是最糟。

"我的生活都让你给毁了"

出乎意料，第二次咨询时，小颖和她父亲一起来到了咨询室。

小颖不好意思地对我说："老师，我昨天没忍住，给我爸打电话大哭了一场，我说我不想活了。他一早飞过来，听说我在做心理咨询，非要和我一起来。我想想也好，就带他一起来了。"

小颖的父亲看起来一副干部模样，神情很紧张，他说："老师，孩子昨天情绪非常差，而且说她不想活了，我和她妈妈担心得一晚上都没睡好觉。家里还有老人要照顾，她妈妈走不开，我一早就赶过来了。这孩子太拗了，到现在都不肯说为什么要说这样的傻话。我一直寻思，肯定和写论文有关系，但也不至于不想活啊！听她说在做心理咨询，我想她这不是有什么毛病了吧，越想越担心，也不知道来了合不合适，但还是冒昧地来了。"

我向小颖爸爸解释了人们来做心理咨询并不是因为有心理疾病，只是有心理困扰需要寻求帮助，现在有这个意识的人越来越多。

小颖爸爸“噢”了一声，长吁一口气，神情缓和下来。

与父母有关的议题，父母双方或一方能一起参与解决是最好的。

我告诉小颖爸爸，他能来非常好，小颖现在遇到了很多困难，也许爸爸过来我们可以一起商讨如何帮助小颖。小颖爸爸云里雾里地点点头，说：“老师，听你的。”

我问小颖前一天情绪那么激烈，是不是有什么事发生。

小颖看了父亲一眼，又看了看我，下了很大决心，说：“好，我也不管什么面子不面子了，我就全说了！”

原来，每天无聊地打发时间的小颖，前段时间在网上认识了一个人，巧的是对方也是个在读博士，两人聊得很投机，小颖对他很有好感。那人很忙，隔三岔五和小颖聊天，每当和他聊天时，小颖心情就会好很多，而在等待他上线的那些时间，因为有了期待，心情也不似之前那般糟糕了。

小颖爸爸并没有考虑到女儿的痛苦，他从理性的角度，习惯性地开始分析。其实，这时候只要接纳女儿的情绪就好，并不需要急于进行分析或者提出解决办法。

前天，那个人又上线了，聊了一会儿，说想看一下小颖的照片。小颖把照片发过去后，那边沉默了很久，小颖再问过去，发现自己已经被对方拉黑了。小颖的情绪瞬间崩溃。于是，就有了后边给爸爸打电话的事。

听完小颖的话，父亲突然笑起来，指着小颖说：“你这孩子，就为这个事？为这事就不活了？真是让人又气又可笑！那网上的人见都没见过，我还怕你遇到骗子呢，拉黑不正好吗？”

这是淤积了多年的情绪，被父亲刚才的举动激发出来。以小颖的状态，即便不是这件事，也会因为其他事激发出她的强烈情绪的。

小颖突然吼起来：“你竟然还笑！我痛苦成这样，你还笑！我恨你！我的生活都让你给毁了！让我一直读书读书，有什么用！别说博士毕不了业，将来连嫁人都嫁不出去！”

听着这连珠炮般的指责，小颖的父亲惊呆了。他求助地看着我，不知道自己错在哪里。

第一次平等交流

我请小颖平静一下，正好趁这个机会和父亲坦诚地说说自己的想法。

小颖今天一副豁出去的样子，一股脑儿把她的想法全倒了出来，末了，再次坚定地说她想退学。

父亲沉默了。

良久，他对我说："我只想着学习的事她擅长，努努力就行，不知道她心里有这么多想法。今天听到这个对我来说太突然，一下子接受不了。"

我点点头，说："小颖因为怕你，所以你们之间一直不能进行平等的交流，她内心积攒了太多的情绪，突然表达出来，确实有点儿猝不及防。"

小颖父亲又沉默了一会儿，缓慢地点着头，"嗯"了一声。然后问我："那她退学后想做什么？"我示意他对小颖说。

父亲立刻严厉起来，问小颖："那你退学以后做什么，你想过这个问题吗？"

面对女儿时，父亲习惯性地恢复了平日的严厉。

"想过。"小颖倔强地看着父亲，"老师上次让我想想我想过什么样的生活。我特别认真地想，退学后我要学化妆，学习怎么穿衣打扮，学茶道，学插花，学一切我有兴趣的东西，我甚至想开个小店卖手工艺品。我想出去旅行，接触真正的社会，让自己过一种优雅的生活。而不像现在，生活得这么糙！"

小颖说这话时，突然神采飞扬，父亲像不认识似的看着她，说道："我这么多年供你读书，就是想让你出人头地。你居然想开个小店，还向往这样的生活，那这些年辛苦念的书就白念啦？"

"爸，你说对了一半，这些年念书，是辛苦，但辛苦是因为那不是我喜欢的，我——是——在——为——你——读——书！"小颖几乎是咬着牙在说话。

小颖爸爸颓然地靠在沙发上，说："我一直觉得学习对你没有太大压力，即便是不喜欢，你也能学会。你要考什么就能考上，别人都羡慕得要命。现在，你要退学，我和你妈的老脸往哪儿搁？"

一边是女儿的不满，一边是自己的面子，父亲也陷入两难选择。

"你们就想着自己风光！我在学校受这么多苦，你们怎么不替我想想？"小颖的情绪又开始激动。

"老师，我脑子有点儿乱，我能不能到外边抽支烟？"小颖父亲站起身向外走。

生活本来的样子

我对小颖说："刚才听了你说的那些想法，在我看来，比如插花、茶艺这些，好像不一定非要等到退学后才能学。"

"是的，我也想过。我现在每天有大把的时间，完全可以去学这些。但我现在就是抵触，一天也不想继续现在的生活，一天也不想待在学校。我想我总不能等到老了再后悔吧，我不想过别人安排的生活。想想看，我博士毕业，我爸帮我找到他认为理想的工作，我就和他一样，日复一日。不，我和他不一样，他喜欢他的专业，可我并不喜欢。想想我这个年纪，工作了下一步就是嫁人，然后为老公孩子活着。哎呀，太可怕了！想都不敢想！"小颖已经平静下来，我看到，她表达的是她的真实想法，不是气话。

小颖父亲进来了，他说："孩子这么大的委屈，从来都没说过。每回说压力大，不想学了，我鼓励鼓励，讲讲道理，也就没事了。我是真没想到。我也不是不讲理的人，也心疼孩子，只不过退学这事是大事，要马上做决定有点儿困难，小颖，我们能不能回去再商量？"

小颖马上拒绝道："我不！就在老师这儿商量，回去你三句两句又把我打发了。我说不过你，在这儿你还顾忌点儿老师，不吼我，回去谁能保证你不发飙？"

父亲尴尬地笑了笑，说："你爸在你眼里就是这样的人？我当着老师的面保证，这回咱好好商量，绝不和以前一样。"

小颖看着我，我说："要做这么重大的决定，对爸爸太突然，你试着给他一点儿时间。"

我对小颖父亲说："小颖这样想，是基于你们以前沟通的模式。我想这次也许大家都要学习怎样做有效的沟通。回去后，你们父女俩在商量这事时，尽量保持平静的心态，充分倾听对方的话，父亲要放下父亲的权威，和女儿平等交流。也不知道做到这些困不困难？"

我用了"商量"一词，再次提示他们要商量，而不是又是父亲的"一言堂"。

小颖父亲说："肯定有困难，但我愿意改。今天我很震惊，我真的心疼孩子。我让孩子提醒我，要不然我把这几点写在本子上，我俩商量时我不时看看，提醒我自己。"

我问小颖，父亲这样的表态，她觉得可以谈话吗？小颖迟疑地点点头，说："试试吧。"

父亲说的是实情，从刚才的情景也可以看到，他一和小颖说话就开始严厉，想要让他能够认真听小颖说话，和小颖商量，确实很困难。不过，震惊后的父亲还是愿意调整的，这点非常值得肯定。

我告诉小颖父亲，小颖之所以在我这里能够敞开心扉说心里话，是因为我能做到足够尊重、很好地倾听、试着理解她。

为了缓和一下紧绷的气氛，我笑着说：“这是我的秘籍，赠送给你，你要好好用哦。”

小颖父亲竟然拿出手机，认真地记下了。

后来的事大致是这样：经过多方协商，小颖先办了一年休学。她出去游历了几个月，交了一些朋友，体验了她想体验的一部分生活。回到北京再来找我时，气质竟然和原来完全不同，穿着裙子，长发披肩，脸上化着淡妆，我险些认不出来。

当然，不出所料，她也遇到了很多新问题，甚至还闹了一些笑话。她却很开心，认为这才是生活本来的样子。她说她在生活中碰壁，通过看书、与人沟通，学到了很多。

在游历体验后，我们讨论是否继续学业的问题，一下变得容易了很多，因为她不再有那么大的抵触情绪。

小颖最后决定还是回到学校，完成学业。

后来的某一天，我的工作室收到一张贺卡，寄件人是小颖。她在卡片上说，她毕业后有了份不错的工作，在谈男朋友，她一直在努力做好工作和生活的平衡。

我在心中默默地祝福她，祝她一切安好，真正过自己想要的生活。

想对父母说的话

有一些父母，以爱的名义，想当然地安排孩子的生活，直到孩子已经退到无路可退，成长偏离正轨时，父母们才幡然醒悟，才知道自己从来未曾给孩子选择他们自己生活的权利。

孩子不是父母的所有物，他们有血有肉有思想，他们是需要被尊重的。在成长过程中能够自主选择，对一个人的人格健康发展至关重要。所以，不要替孩子安排他的人生，而是做孩子身后永远的、温暖的支持。

对父母来说，这个要求说起来容易做起来难，但这却是孩子成长的宝贵经验。还好，越来越多的“小颖们”已经开始抗争了。那么，家长们，是否可以未雨绸缪，早些给孩子一点儿空间呢？

练习：今天你和孩子谈话了吗

在美国，有这样一个口号：“今天你和孩子谈话了吗？”

这个口号倡议：

①父母多花点儿心思去观察孩子，并且每次谈话尽量不低于7分钟。

②在观察中不要带有任何偏见和定论。

③从对孩子的言谈与行为的观察，了解孩子的需要、兴趣以及发展情况，从而提供及时的帮助和教育。

可以是陪伴孩子上下学的时间，也可以是晚餐后的时间，可以是任何你和孩子都觉得合适的时间。内容不限，父母尽可能都参与进来。

开始和孩子谈话吧，简要记录下每天谈话的内容、你的观察、遇到问题的解决，以及其他你认为有必要记录的内容。

“凭什么你们生弟弟不征求我意见”
——给孩子比现在还多的爱

小新自从十一假期后就不再去上学了。10多天里，在家里一言不发，不说为什么，就是不上学。

小新读初二，脸圆圆的，长得很可爱。被父亲带来咨询时，绷着小脸，一副冷然的样子。

“突然要多出一个弟弟，我接受不了”

小新的爸爸打算和我先说几句，被我制止了。我邀请小新先和我聊聊，她不情愿地答应了。

当孩子保持着戒备、对抗的态度时，是无法与我们一起工作的。

小新戒备地看着我。我关上门，告诉她，在我这里，大人小孩都一视同仁，很多时候，我还会先给小孩子一些机会，让他们先说出自己的心里话，因为他们在家里并不一定有机会说话。

小新眼泪开始在眼眶里打转：“老师，我真的可以说吗？”

“认真听”，既是态度，又是解决问题的开始。其实，家长们也可以做到。当然，事实是，这是说起来容易做起来难的事。

我点点头：“没问题的。我会认真听你说说你的烦恼。”

小新“哇”的一声大哭起来，连哭带喊：“凭什么，凭什么他们这么对我！凭什么他们要生弟弟，不征求我的意见！”

小新趴在沙发扶手上放声大哭，嘴里一直含混不清地嚷着这几句。哭了很久，她才渐渐平静下来，抹着眼泪告诉我，妈妈要生弟弟了，自己一直都不知道。国庆节放假时，大家在家看电视，电视剧里有个男宝宝非常可爱，爸爸脱口而出一句：“咱们家很快也会有个可爱的弟弟。”小新很吃惊，追问了很久，爸爸才说，到时候就知道了。不再多说一句。小新立刻就觉得不对劲，想单独问妈妈，可那天晚上没找到机会。

小新抽泣着说：“第二天，爸爸又把大伯小叔几家人叫过来吃饭。本来爸爸说好要带我去郊区，这下泡汤了。我一点儿都不高兴。我还听到大妈问我妈妈什么时候生。最近，我看我妈穿衣服宽松，以为她胖了，没想到是怀孕了！凭什么他们要生弟弟不征求我的意见！我不是这家的一分子吗？我十几年来一直是家里唯一的小孩，突然要多出一个弟弟来，我接受不了！”

小新在家里一言不发，咨询室安全的氛围让她将压抑的情绪宣泄了出来。

小新继续说：“他们这样对我，我也不让他们安生，后来我就关在屋里不出门，不和他们说话，每天吃饭时才出去。我气成这样，他们居然像没事人一样，轻描淡写给我说了一下，说什么怕影响我学习，现在这样才影响我学习呢！我根本看不进去书，上学有什么意思，我不上学了！”

原来如此。

“我觉得生活乱套了”

未来要有个弟弟，这对小新来说太突然了。我知道这孩子现在是慌乱状态，她不知道怎么办，唯一能用的武器就是不去上学。

遇到问题，慌乱的孩子常常把不上学当成抗争的武器。

有正常人际交往的孩子，在家待久了也会无聊。其实很多不上学的孩子都这样，只是好像还没有等到台阶下，或者还没有达到抗争的目的，没有得到合理的解释。

“爸爸妈妈都上班去了，不上学自己在家做什么呢？”我问小新。

“看动漫。其实也挺无聊的。”小新叹了口气。

“那么我们一起做些什么可以帮到你呢？”我说道。

“我也不知道，”小新苦恼地摇着头，“我觉得生活乱套了。”

“一起做些什么”——邀请孩子一起参与问题解决。因为孩子是当事人，他也要一起努力面对问题。

“今天，你把憋在心里的话都说出来了，老师感谢你的信任。我在想，事情总要解决，不如你回去好好想想，下次我们再来交流，看看可以做些什么。另外，我想下次邀请你父母一起来参加，可以吗？”我问。

“可以。”小新点点头。

我说道：“也不知道你是不是愿意去上学，我们可以试着一边上学，一边解决问题。”

孩子不去上学，父母无计可施，双方陷入僵持状态。这时恰当的外力介入会稍微融化一下“坚冰”。

小新摇摇头：“我还没有想通，我不想上学。”

“那就自己在家学习，这样再去上课时落下的功课也不会太多，可以吗？”我提议。

小新答应了。

“你们征求我的意见了吗”

下一次咨询，小新一家三口都来了。小新单独坐在单人沙发上，她的父母并排坐在旁边的双人沙发上。

这是典型中国式的客气，看似很平常的一句话，却没有考虑到孩子的感受。

小新爸爸一坐下就客气地说：“抱歉啊老师，孩子不懂事，给您添麻烦了。”

“谁不懂事！”小新小声嘟囔了一句。

“孩子遇到困难，我们一起来想办法帮助她，不存在添麻烦。”我说，“请你们一家三口过来，是想有一个大家当面沟通的机会，上次听孩子说，似乎你们在遇到这事以后并没有正面交流过。”

“我们家从来都这样，遇到事情都当我是傻子，根本不和我交流！”小新愤愤地说。

“你这孩子，怎么说话呢！”爸爸呵斥道。

“我说错了吗？突然买房搬家，你们征求我意见了吗？让我上现在这个学校，征求我意见了吗？学校都没有一个原来的朋友！我当了十几年独生子女，现在突然要多一个弟弟，你们征求过我的意见吗？就连国庆节大伯他们来，你要在家陪他们，取消了和我约好的去郊区，都从来不提前和我说！以前我小，你们说什么就是什么，现在我长大了，不是以前的傻子了！”小新的情绪开始失控。

咨询室中呈现的家庭沟通形态，基本就是现实生活的翻版。小新与爸爸日常的沟通大抵就是这样。

爸爸面露尴尬之色，说道：“现在这孩子，怎么都这样，家里什么我都安排好了，就让你好好上学，你操心这些事干什么？”

“上学！上学！生活中就上学一件事！你们从来都不考虑我的感受！”小新边哭边喊。

“从来都不考虑我的感受”——这大约是很多孩子的心声。权威的家长是听不见孩子的声音，顾及不到孩子的感受的。

在很多家长看来，孩子的任务就是学习，其他事都由家长来安排就可以了。殊不知，孩子在社会生活中还有很多其他事需要应对，成长发生在对各种事情的处理中，而不仅是文化课的学习中。

看着女儿泪流满面，一直没说话的妈妈开口了，一开口，眼泪就止不住。“刚才听孩子这么说，我心里也特别难过。小新，你说爸爸妈妈从来不考虑你的感受，我只同意一部分。在咱们家，什么事都是你爸爸说了算，他也从来没考虑过我的感受。”

小新爸爸抬起头，有点儿茫然地看着妻子和女儿。

看来这家的每个人，平日里都没机会说出自己的心里话。

小新也愣住了。

“我好像做错了什么”

“好吧，既然孩子是因为这个原因心里不痛快，那我就借这个机会也说说。”小新妈妈对着我说，“老师，我跟您这么说吧，小新爸爸是村里当年唯一考上大学的人，后来在北京发展也还不错，自己开了公司，就把家里的哥哥弟弟都给叫到北京来了。亲情这方面他确实做得非常好。他这个人就是爱操心，结婚这些年来，家里的大事小情也都安排得特别到位。可就是有一样，家里所有事情得他说了算，典型的一言堂。为这事刚结婚时我和他吵过好多次，后来我也烦了，索性睁一只眼闭一只眼，由着他。可是我心里也委屈啊！孩子说我们很多事不征求她意见，其实我也是被通知的那一个。而且我知道即使争执，最后还是要听他的。孩子有时候抱怨，为了避免吵架，我还得站在爸爸一边劝孩子。”妈妈擦着眼泪，一口气说了这么多。

“妈妈和孩子都很委屈。小新爸爸，听到妻子和孩子这么说，你怎么看？”我问道。

小新爸爸搓了搓手，有点儿尴尬地说：“我只想着尽心尽力照顾好这一大家子，怎么她们都这么委屈！现在看来，我好像做错了什么？”

“尽心尽力照顾全家人，好像并没有达到好的效果。你心里委屈吗？”我说。

“唉！”小新爸爸重重地叹了一口气。

小新爸爸没有回答我，这一声叹息却胜过千言万语。这家人个个委屈，到底是哪里出了问题？

“看来你似乎忽略了你家人很重要的一个部分，那就是她们的感受。就好比你觉得苹果好吃，就使劲给家人吃苹果，而没有想到有的时候她们也许并不想吃，或者有的时候她们吃了还会闹肚子。你似乎做决定时没有和家人商量的习惯。”我说道。

“是，我是觉得没有商量的必要。我把好的都给她们。今天，她们两个人都这么说，我确实很意外。”小新爸爸说这话时，有些沮丧。

“那是你觉得好的，我们不一定觉得好！”小新插话道。

“唉，以前家里条件差，只想着现在衣食无忧就很好了，根本没想到还要顾及家人感受。看来我的步调没跟上，还是沿袭了老一套的家长作风。”小新爸爸这次没有责怪小新。一边给小新递面巾纸，一边说，“爸爸知道自己不对了，以后咱们有什么事都全家一起商量，好吗？我一定尊重你们的意见。”说这话时，他也拍了拍妻子的背。

这段话看起来是不是很熟悉？小新爸爸的想法不是个例。将全家人放在心上，却忘了照顾他们的感受，结果反而有些出力不讨好。好在这次妻子和女儿的委屈，让他知道了他需要调整的地方。

小新看向爸爸，满脸疑惑：“画风变得这么快，你不会是在老师这儿装的吧？”

爸爸又叹了口气，说：“唉，你们是爸爸最亲的人，爸爸也没有装的必要啊。爸爸不是不明事理的人。”

小新的眼泪再次涌上来。过了一小会儿，她看着我说：“老师，下次我们还能来吗？”

“能啊，咱们一次不能解决所有的问题，你们都回去调整调整，下次我们再一起讨论。”

“怕爸爸妈妈不爱我了”

小新回去后开始返回学校上学，父亲也努力试着调整。一切都向好的方向发展。可是我知道小新的心结还没有打开。

孩子和咨询师诉说，其实是说给父母听的。这时候，家长的态度起着关键的作用。

再次咨询时，小新眼泪汪汪地说："老师，我爸爸说会有个弟弟。我担心将来有了弟弟后，爸爸妈妈重男轻女，怕他们不爱我了。我同学说，家里有了小宝宝，全家大人的目光都被小宝宝吸引，我还怕我会嫉妒。我怎么办呀？"

听了孩子的话，小新的父母面面相觑。

孩子以不上学来抗争，虚张声势地叫喊，其实都是在掩饰她内心的不安和担心。

由于事情发生得突然，父母又没有正面解释，导致孩子一言不发，不愿意将自己的心事说出来。父母没有意识到，也不知道从哪里做孩子的工作，由此陷入了不良循环。

所有人都陷入了沉默。

良久，妈妈开口了："小新，在家里我们只是告诉你小宝宝多可爱，告诉你家里有两个孩子将来不孤单，也没仔细问过你，不知道你有这么多担心。傻孩子，爸爸妈妈怎么会不爱你呢？之前是爱你的方式有点儿问题，现在我们已经开始调整了。而且你放心，小宝宝出生后，我们对你们的爱是平等的，不会变的。"

"对对，绝对不会变的。"爸爸附和道。

这样的话，如果早一些告诉孩子，恐怕孩子就不会有那么多担心和不安了。

"对不起，孩子，"妈妈走过去，抱着小新，"你担心的这些都不会出现，虽然还不知道小宝宝性别，但爸爸妈妈一定不会重男轻女，只是小宝宝刚生出来时，还很小，需要爸爸妈妈多照顾才能长大，就像以前照顾你一样。但是爸爸妈妈一定不会忽视你的。"

比现在还多的爱

"如果爸爸妈妈给你的爱和现在一样，甚至比现在还要多，你还会嫉妒宝宝吗？"我对小新说。

小新摇摇头，问我："怎么还会多？"

我笑着说："你看，爸爸妈妈，尤其是爸爸，现在已经在调整对你的爱的方式了，这样你感受到的爱会更多呀。爱是很神奇的，只要心中有爱，爱就会源源不断地涌现，不会枯竭，更不会因为多了一个人分享而减少数量。”

从咨询师的示范，到咨询室中的演练，再到生活中的运用，不会一蹴而就，只有勤于练习，才能将这些内化到自己的行为中。

小新拉着妈妈的手，有点儿扭捏地笑了。

我邀请小新一家演示一下他们三个人平时在一起讨论问题的情景，帮助每个人练习在讨论时如何倾听。

小新妈妈说：“老师，您在咨询时话不是很多，但是很认真、平等地倾听，很尊重每个人，让每个人都能充分表达自己，我想这是最好的示范。我们家平时就缺这个，从现在起，我们大家要一起练习。”

咨询结束时，小新要和我拥抱，她悄悄地在我耳边说：“老师，我的功课没有落下。”

想对父母说的话

这是典型的中国传统式家庭。爸爸为家里人安排好了一切，却忽视了妻女的感受。

每个人的情绪积累到一定程度都会爆发，小新也不例外。她的负性情绪积累过多，有一个扳机点就会触发。妈妈要生小宝宝的消息，就是这个情绪扳机点。

小新慢慢长大，追求平等，追求话语权。这是一个孩子正常的成长之路。

当然，家庭中的每一个人，都需要这样的平等与尊重。

平等不是绝对的，也有时候需要各方的妥协。

很多家庭的问题都没有那么复杂，问题都出在沟通上。如果平时注意营造好的沟通气氛，尊重每一个人，倾听每一个人的想法，也许很多问题都不需要借助于外力帮助。

练习：尊重练习

在家庭中，每个人都是需要被尊重的。而家长尊重孩子尤其是孩子健康成长的重要保障。

尊重孩子的看法，可以鼓励孩子积极思考。

尊重与孩子的约定，可以教会孩子做人要诚实守信。

尊重孩子的秘密，也就是尊重孩子作为独立个体的权利和自由。

……

看看下边这些场景，你是怎么做的呢？

场景1：当孩子问了一个你不知道的问题时。

你的反应：________________________________

场景2：当孩子兴致勃勃地跟你聊学校的事情时，你的微信来了提示音。

你的反应：________________________________

场景3：孩子特别开心地给你看他的作品，你并没看出来他弄的是什么。

你的反应：________________________________

场景4：孩子着急出门，日记本摆在桌子上忘收了。

你的反应：________________________________

与孩子相处并没有标准答案，不过，在做以上这些小练习时，想象自己是孩子，代入到孩子的情境中，其实答案就在那里等着你了。

抑郁症女孩的自我救赎

——把视线从孩子身上移开

小雪穿着一身黑色的衣服，戴着一顶黑色帽子，像猫一样蜷缩在沙发一角。

小雪得了抑郁症。她拿着医院的诊断书，了无生气地坐在我面前。

抑郁症

情绪持续低落、莫名哭泣、食欲下降、早醒、注意力不集中等情况出现持续两周以上，需要引起关注，这些都是抑郁症的表现。但也要注意，不能凭这些表现就断定是抑郁症，一定要去精神类专科医院做诊断。得了抑郁症，早发现早治疗，没有想象的那么可怕。

小雪读大学二年级，开学后没多久，她就出现郁郁寡欢、经常哭泣、不想吃饭等状况，宿舍有个同学参加过抑郁症知识的培训，小心地问她要不要去医院看看，小雪也觉得自己不对劲，就在同学的陪伴下去了医院。

医生给她开了药，同时建议她做心理咨询。

“我的成长经历就是一个悲剧”

小雪是第一次来做心理咨询，我需要给她讲清楚心理咨询的一些相关设置，她的眼神愣愣的，似乎没有听进去我说话。半晌，她问了我一句：“老师，你真的能帮助我吗？”

“其实并不完全是我帮助你，是我们共同来帮助你走出困境。我想你能够走进咨询室，首先表明了你的态度，那就是希望能为自己做点儿什么，这是非常好的开端。我们一旦开始咨询，就建立了合作联盟，我们要一起努力。”我继续说道，“我帮助过很多得抑郁症的人，我想通过我们的努力，你的状况会有所改善的。”

小雪木然地点了点头，沉默了一会儿，开口了：“老师，我想哭。”

“咨询室是安全的，你可以在这里尽情地哭。”我轻轻地说，话音未落，小雪的眼泪就流了出来。

她无声地哭着，我安静地陪着她。

小雪窝在沙发里，身体抽动，越缩越紧。我走过去轻轻地拍拍她，让她放松一点儿，她突然“哇”地哭出声来。

小雪哭啊哭，哭了很久。慢慢地，她止住了哭声。斜靠在沙发上，平静了一会儿，喃喃地说：“真痛快啊，好多年都没这么哭过了。”

小雪告诉我，她的男朋友被父母给搅黄了，她要转到一个自己喜欢的专业，父母坚决不同意。她很绝望。

“绝望。”我重复了一下。

小雪急急地补了一句：“老师，您放心，我不会自杀的。我胆子小，下不了狠心，虽然我有时候真的想死。”

“虽然他们这么对我，可是我还爱他们啊。”小雪低头说了句。

小雪说：“我的成长经历就是一个悲剧。”

心理咨询并不是咨询师一个人在工作，而是咨询师与来访者一起工作，来访者有了改变的动力，愿意投入到咨询中去，咨询对他的帮助就会大。反之，如果一切都依靠咨询师，那么咨询是很难起效的。在亲子关系中也是一样。当孩子出现问题时，如果父母与孩子能够一起面对、一起工作，往往才能真正起到作用。

哭泣是有疗愈作用的。在一个安全的环境里自由地哭泣，能让积压在心底的情绪充分释放出来。

如果孩子提到“绝望”，一定要仔细询问，看看是真的绝望，还是说说而已。如果是真的绝望，能做些什么让他对生活稍微有点儿希望，至关重要。

缺少活力与能量的孩子

小雪的家在一个小县城里，父母对小雪从小要求特别严格，考试不允许低于前两名，一旦没考好，父母的指责和呵斥就会铺天盖地而来。小雪说，她小时候就想死，不知道活着的乐趣是什么，因为自己总在上各种课外班、兴趣班，而别的孩子都在玩。

好不容易熬到考大学，父母替小雪选了学校和专业，当然小雪没有辜负他们的期望，顺利地考到了北京。

离开家到了北京，小雪本以为可以自由点儿，偷偷谈了个男朋友。没想到父母不知道怎么知道了此事，想方设法拆散了他们。而小雪上大学后才发现所选专业并不是她喜欢的，想转专业父母不同意，理由是现在的专业将来就业前景好。

我听着小雪边哭边愤愤地说着父母的管制，渐渐明白为什么她像一只病猫一样蜷着身体，她小小的身体在重压下长大，承载了太多压力，却少了活力与能量。这孩子，长这么大可真不容易。

我把我的感受告诉了小雪。她猛烈地点着头，眼泪再次夺眶而出。

第一次咨询时间快到了，小雪说："老师，我得抑郁症的事还没有告诉父母，医生让我告诉他们。我还没有想好。虽然他们这样对我，我很不高兴，但是我还是不愿意让他们为我担心。这些年来，我一直在他们面前'装好''装乖'，都是这样想的。"

我告诉小雪，以她目前的情况看，需要药物治疗、心理辅导、家人帮助等方面的合力来应对抑郁症，所以还是要让父母了解实情。

小雪说她还要再想想，我们约好下周再见面。临走时，她向我鞠了一躬，说："老师，谢谢您，我今天和您说的话有些从来没有和别人说过，谢谢您能真正理解我。"

孩子表现出来的很多问题，都是家长不能完全理解他们的感受造成的。其实，我并没有做什么，只是给她放松的空

现在父母都给孩子报各种兴趣班，丰富孩子的兴趣爱好并没什么问题，不过父母一定要关注孩子的情绪，注意张弛有道。

间，让她宣泄，只是认真地倾听了她内心的声音。

而这些，对这个孩子来说，真是太奢侈了。

“我是父母炫耀的工具”

色彩对人的心情也是有影响的。

第二次咨询时，小雪气色好了些，没有穿黑衣服。

她告诉我，有一天她终于给家里打了电话，说了抑郁症的事，妈妈很慌乱，说这几天要到学校来。

小雪有些嘲讽地笑着，说：“我妈问东问西，居然问我为什么心情不好，我懒得跟她说，她就乱猜，然后说是不是学校同学觉得我们家穷，让我不要太节俭，想买什么就去买。一下子微信给我转过来5000块钱！还告诉我说，爸爸妈妈赚钱都是给我花的，他们有钱，不要让我过于节省。这根本不是他们的风格，我都无语了。”

抑郁症是一个复杂的病症，并不是单纯的心情不好。

小雪说：“我在家的时候，经常听到别人羡慕地对我妈说，小雪学习好，又不像有些小姑娘似的讲究吃穿。我妈可自豪了！我考到北京，她脸上可有光了！这时候我就感觉到我不是一个人，而像是一个供他们炫耀的工具。”小雪的愤怒又开始弥漫。

“我一直在忍忍忍，各种忍，我一度觉得这世界上没有一个人能理解我。我谈那个男朋友，是异地恋，我觉得我们之间并不是爱情，而是我更需要他，我觉得他能够听我说话，能够试着理解我的苦。自私地来讲，我不是难过于我们的分开，而是难过我怎么就没有一点儿自己的自由。”小雪又哭了。

十几年的时光，给这个孩子留下太多不美好的记忆，她忍了太久，需要将默默隐藏的这部分苦难释放出来，让自己轻松一点儿。

我告诉小雪，妈妈要是来的话，可以请她一起过来谈谈。

“这病不会是装的吧”

到了第三周，小雪和父母一起来了。父母提出想和我单独谈谈，我问小雪是否可以，她连连点头，出门时神色复杂地看了我一眼。

和许多父母一样，小雪的父母虽然查了一些抑郁症的资料，但还是希望能从我这里得到他们想要的答案。

小雪妈妈一坐下就问我，“老师，您说这孩子好端端的，怎么就得抑郁症了呢？现在，经常听说有人因为抑郁症自杀，这太可怕了！”

小雪爸爸则神色凝重地问我：“我们来的这两天看她和平时一样，没啥异常的，她这病不会是装的吧？我还是不太相信姑娘能得这个病。”

妈妈连忙扯了一下爸爸，说：“你瞎说什么！那医院的诊断还能有错？”

爸爸说，“我就是有疑问啊，所以问问老师。”

我说：“小雪确实是生病了。抑郁症是一种常见的精神类疾病，起病原因尚不明朗，可能跟生理、心理、社会等因素有关，这个在学术上有各种说法。不过可以肯定的是，它确实是一种疾病。但并不是不可救药的绝症，结合药物、心理咨询以及家人支持，有很多人都能恢复得很好。我和小雪讨论过自杀的问题，目前看没有太大危险，因为她舍不得你们。但是，要特别警惕不能让她再受到大的刺激。”

夫妻俩对视了一下，迟疑地点点头。

我对小雪爸爸说：“刚才您疑惑孩子是不是装病，我想孩子怕是不太愿意让你们看到她难受的状况。如果我说，你们的女儿小雪时刻都在你们面前伪装，你们相信吗？”

夫妻二人再次对视一眼，一时不知道怎么回应我。

我说：“一直以来，她都不想让你们为她担心。虽然她内心很痛苦。在她的诉说中，这个痛苦的根源恰恰来自你们。”

小雪妈妈开始哭泣，哽咽着说：“我俩在家想，最近也就是干涉了一下她和那个小男生的事，再就是转专业，也没别的事了啊。可是这两件事我们都是为她好，那个男生家境不好，学习也不好，将来肯定也不能有什么大出息。专业也是，她要转的专业在我们家那边不好找工作，到时候我们也帮不上忙。这哪样不是为她好呢！怎么就成痛苦的根源了呢？”

父母还没有意识到自己教养方式的不恰当给孩子带来的痛苦。

“我觉得这事没错，那小子我见过照片，根本不行，完全配不上我家姑娘！现在家里就一个孩子，将来我俩老了，先入土了，我姑娘这一辈子也没别的亲人，还不得找个靠得住的人！”爸爸粗声打断了妈妈的话。

“听起来是这样，家长都是为了孩子好，不过孩子情感上的需求也需要考虑到。”我说道。

“情感上有啥需求？”小雪爸爸很快问了句。

“难道是我们错了”

我没有说话。

小雪妈妈也没有说话。

咨询室陷入一片沉默。

过了一会儿，小雪爸爸打破沉默：“她觉得我们管得多？”

“小雪这些年来都不快乐。”我没有正面回答他，只说了一句。

“我们家的教育一直是县里的楷模，我们对孩子要求高、要求严，只有这样她才能在县城里脱颖而出。作为父母，我和她爸爸所有心思都花在她身上，一心想给她铺平道路，想让她有个好的未来。她在县城里很有名，学习好，有教养，人人羡慕。她说她不快乐吗？”妈妈说。

别人的羡慕和自己感觉到的快乐，其实是两回事。

“是的，她说她一直不快乐。她没有像别的孩子那样的童年，没有自由。”我说。

“啊！我想起来了，有一天发现她的QQ动态写了句‘真想离开，那是真正的解脱’，然后很快删掉了。我以为小孩子闹着玩的。难道她是真的这么想？”小雪妈妈突然说道，她看向丈夫，“难道是我们错了？”

小雪爸爸没有说话。

小雪妈妈身子往前倾了倾，对我说：“老师，我这两天和孩子聊，她也不说什么，只是说她很信任您。您有经验，您就帮我们看看怎么做能帮助孩子吧。”

没把孩子当成年人

我请小雪妈妈在咨询室的玩具架上选了三个小玩偶代表他们一家三口，用这三个玩偶摆出他们日常的状态。小雪妈妈摆放的状态是小雪在前边，父母紧跟在后边。我做旁白，设计一些场景，如小雪选专业、谈男友、与同学交往等，每当有一个议题，让代表小雪的玩偶走一步，父母就紧随其后跟上一步。这样走了好几步。

用代表他们一家三口的玩偶来呈现家庭日常状态，家庭成员在外边看，会看得更清楚。

我问他们：“刚才的模拟中，你们的视线在哪里？”

两个人同时说：“在孩子身上。”

“那么你们自己的生活呢？”我轻轻地问道。

两人又一次对视，面面相觑。

“看起来好像生活的重心全在孩子身上。以前是，现在也是。”我说道。

小雪妈妈点点头，迟疑地问道：“您的意思是？”

“也许可以把视线从孩子身上移开一些，放手让孩子去成长。孩子大了，用不了多久就要离家，你们也需要重回二人世界呀。”我说。

我们一起讨论了家庭发展各个阶段每个人的任务，一直没太说话的小雪爸爸开口了：“这么看来还真是，我俩天天为孩子操碎了心，实际上也是瞎操心，关心不到点儿上，孩子还不高兴。这孩子也是，有啥可以说呀，这么憋在心里不出毛病才怪。”

“小雪可以在你们面前表达不同意见吗？”我问道。

小雪爸爸呆了一下，不好意思地说：“她试过，每次我俩都觉得她说得不对。”

“是啊，所以她渐渐就不说了。”我说道，“可能你们全家需要学习怎样平等沟通，学习三个成年人之间的平等沟通。包括怎样让小雪作为家庭的一分子参与到家庭事务中去。”

在父母眼里，孩子永远是孩子。但是，当孩子步入成年后，父母要学着把孩子当成年人来看。

听到“成年人”这三个字，小雪的父母又对视了一下。小雪妈妈说：“实话说，真没把孩子当作成年人……”

学习倾听孩子的内心

小雪妈妈决定留下来陪小雪一段时间，她要代表夫妻双方来学习怎样与孩子沟通，怎样倾听孩子的内心。

小雪也在慢慢学习表达自己的观点和需求，她不仅是在家庭中不太善于表达，在与同学相处时也不太会表达。

随着咨询的进展，我注意到，小雪再也没有穿一身黑，一次比一次神清气爽。

想对父母说的话

以爱的名义出发，却抵达了伤害的彼岸。

这是我们都不愿意看到的事实，但又每天都在以不同的形式上演。

每个家庭从组建之初就有了自己的生命周期，从二人世界到孩子降生，再到孩子长大离家，重回二人世界。如同每个人的成长一样，家庭在每个生命周期都有相应的任务，父母有父母的任务，孩子有孩子的任务。遵循生命周期的规律，家庭才能健康发展，如若不然，就会出现这样那样的问题。

小雪的父母过往的教养方式过于严厉姑且不说，那都是过去时，带来的影响只能慢慢调整。到了现在，该对孩子放手的时候，对小雪干涉还是太多，他们并没有意识到小雪已经是一个成年人，一个需要独立的人，她需要有表达自己意愿的空间。

父母总是在孩子出大问题时才会反思，才会调整。要是能够未雨绸缪，从一开始就避免这些问题，该有多好。

练习：读一首诗

黎巴嫩诗人纪伯伦的这首诗歌，也许值得父母们细细品味：

你的儿女其实不是你的儿女

你的儿女，其实不是你的儿女。

他们是生命对于自身渴望而诞生的孩子。

他们借助你来到这世界，却非因你而来，

他们在你身旁，却并不属于你。

你可以给予他们的是你的爱，却不是你的想法，

因为他们有自己的思想。

你可以庇护的是他们的身体，却不是他们的灵魂，

因为他们的灵魂属于明天，属于你做梦也无法到达的明天，

你可以拼尽全力，变得像他们一样，

却不要让他们变得和你一样，

因为生命不会后退，也不在过去停留。

你是弓，儿女是从你那里射出的箭。

弓箭手望着未来之路上的箭靶，

他用尽力气将你拉开，使他的箭射得又快又远。

怀着快乐的心情，在弓箭手的手中弯曲吧，

因为他爱一路飞翔的箭，也爱无比稳定的弓。

爱有界限

——摆脱令人窒息的爱

小峰想自杀，庆幸的是没有实施。危机解除后，我见到了他。

这是个胖胖的男生，大学三年级，他面色苍白，神情暗淡，浑身散发着颓然、无奈的气息。

“难道我的自由必须用生命来换取”

小峰说：“我赌了一把。难道我的自由必须要用生命来换取吗？可是我又没有别的办法。”

“赌了一把”提示小峰要用自杀这样极端的行为为自己争取些什么。若非无奈，一个人是不会走到这一步的。

小峰给我讲了他的成长经历。从小爸爸在外地工作，妈妈非常严厉，所以小峰一直都是个听话的好孩子，一切按妈妈的安排进行。小峰从初三开始试着反抗，每次都被无情“镇压”。小峰说：“我妈的眼泪就是最大的武器，我不想让她哭，虽然我知道有时候她并不是真伤心，她知道我的软肋。”

“虽然我知道有时候她并不是真伤心”——其实孩子什么都明白，只是有时候善良的他们不愿意戳穿大人。

到了高三，小峰坚决报考外地的大学，这次他采用了绝食的招数。妈妈最终让步，但只能是距家车程一个多小时的北京。这已经是很好的结果了，高考后，笼中鸟一样的小峰“飞”到了北京。

小峰设想的自由的大学生活，还是被妈妈间接接管了。

小峰只开心了几天，因为妈妈定了规矩，每天晚上都要视频通话。到了周末，妈妈开车过来接他回家。从此以后的大学三年期间，如果小峰周末有事不能回家，妈妈就住在学校附近的酒店，每天晚上都要一起吃饭。原本妈妈还想帮小峰洗衣服，被小峰强烈拒绝后，只好悻悻作罢。

大学一年级一开始，哪怕每周只有5天，对小峰而言也是快乐自由的日子。暂时脱离了妈妈的视线，他开始放纵自己，不锻炼、玩游戏、饮食不规律。很快，原先练游泳的好身材被废掉了，这样的生活让小峰体重激增，一个学期竟然增了50斤。

对于一个已经成年的大学生来说，这样的规定的确不太符合常理。

随着身体变胖，周末彻底成了小峰的噩梦。小峰妈妈规定：每两周必须回一次家，回家一定要到健身房进行疯狂锻炼。假期更是严苛规定：个人活动范围不能超过家周围一公里，不能与同学胡吃海喝。

小峰苦笑着说："其实，我的懒散只是刚上大学那一个学期，后来我自己也在做调整，但我妈不信。为了应对她的严格管控，我都不知道撒过多少谎才挨到今天。我们家典型的女强男弱，我爸在外边事业很好，也许是觉得我妈一个人把我带大不容易吧，家里这些他都不管，都是我妈说了算。有时，实在看不下去了，他会帮我撒个谎，但这种情况很少。"

大三到了，小峰的很多同学都开始为未来打算，小峰想出国。不出所料，他的想法遭到了妈妈的强烈反对。妈妈放出狠话："你要出国，行！我卖房跟你走，你去哪儿我跟到哪儿！"

一个时刻想逃，一个紧追不舍。这对母子"乐此不疲"地玩着"你追我逃"的游戏。

小峰一点儿办法也没有。这一次，父亲并没有站在他这一边。孤立无援的小峰只好用了最后一招——自杀。

“我只想拥有自己的生活空间”

幸运的是，小峰在QQ动态里的言语受到了同学的关注，他被及时救回。

小峰有点儿刻薄地说：“我妈吓坏了，她同意我出国了。可是她哭得像我真的死了一样，她说自己怎么也想不明白，她在我身上付出了全部心血，我怎么会这样。真是笑话，她倒真是在我身上付出了全部心血，也不知道我爸听了怎么想！”

自杀的目的达到了，可是问题并没有真正解决。

小峰依然有强烈的情绪。

而我更惊讶地了解到，小峰竟然和小伙伴偷偷成立了一家广告公司，一年时间已小有盈利。我十分惊叹于这个处于重压下的孩子的能量。

我问他，这件事情父母是否知道。小峰摇摇头：“这是我N个秘密中的一个大秘密。不过无所谓了，可以告诉他们。其实，我并不想死，我只想拥有自己的生活空间，为什么这么难！”小峰看着天花板，喃喃地说。

“我爱孩子有错吗”

随后我见到小峰的父母。小峰妈妈的眼睛肿得像桃子，一开口说话就控制不住地哭。

妈妈语速很快，带着愤愤不平，诉说自己生活的不易。这个不易并不是来自经济方面，而是来自于独自操心带孩子，没有人帮忙。除了工作，她把所有心思都放在孩子身上。孩子出门，担心他饿了渴了、担心他出门遇到事不会处理……一天没见到孩子，就会想他能不能照顾好自己。孩子刚上大学一下胖了那么多，不正说明他根本没能力照顾好自己吗？

小峰妈妈所说的“生活不易”，听起来更多像是对小峰爸爸的控诉。

我以同理心去体会小峰妈妈，站在她的角度看到她的付出。即便是有了不想看到的后果，这个付出本身也是需要肯定的。

小峰爸爸坐在旁边，一言不发。

我找了个合适的时机，小心地打断了妈妈的诉说。

我说："我听到一个负责任的妈妈的心声，很为您的付出感动。"

小峰妈妈声音降低了些，眼泪又流下来，说道："谢谢你，老师，谢谢你能够这么说。小峰出了这事，大家都指责我，说我管孩子太多，把孩子管出毛病来了。可是，我爱孩子有错吗？别人不理解我也就算了，为什么连我的孩子都不理解我！"

"这样的事是我们大家都不愿意看到的，所幸没造成什么不好的后果。反倒是我们可以有机会一起来面对小峰的问题。"我说，"我想问一下，小峰今年多大了？"

小峰妈妈想都没想，脱口而出："21岁。"

孩子出状况，所有人都处于情绪激动状态，这时候的支持远比互相指责要好得多。

"21岁的男孩子通常会是什么样子呢？"我说。

"21岁，旧社会都当爹了吧？"一直没有说话的小峰爸爸开腔了，"没有这么管孩子的！"

小峰妈妈情绪又激动起来："孩子小时候你管过他几天？我辛辛苦苦把孩子带大，现在出问题了，你来说便宜话！"

父亲在家庭教育中的角色非常重要。小峰爸爸说"孩子大了，教育方面插不上手"，实际上他是需要学习如何与长大的孩子相处，而不是用一句"插不上手"来躲开。

小峰爸爸无奈地看了我一眼，摊摊手，说："老师，你看，平时我一说就是这样。我确实有责任，以前常驻外地工作，后来孩子大了回到家，教育方面也插不上手。这种话只要一句，就把我噎回去了，而且我也没脸再说了。"

我示意爸爸先不要再说，接着问妈妈："先不用被爸爸的答案干扰，您自己认为21岁的男孩是什么样子的？"

"21岁确实不算小了。可是，老师，我觉得我的脑子里没有他多大的概念，他再大也是我的孩子，也是我一把屎一把屎拉扯大的孩子。我走过的桥比他走过的路还要多，管他多，这也是为他以后少走弯路啊。”妈妈说。

“的确是这样，在父母眼里，孩子再大也是孩子。”我说。

“多管一些，让孩子少走点儿弯路”，这也是很多家长爱孩子的方式。但是父母们只想着为孩子好，却没想到自己错位的爱是在耽误孩子的成长。

“我想摆脱”

“我想邀请你们一起来做个游戏，当然，我们不是没事干在这里玩，在心理辅导过程中，有时会用体验来帮助我们进行讨论。”

小峰的父母对视一下，点了点头。

我邀请两个人站起来，请妈妈来扮演小峰，爸爸来扮演妈妈。

我请“妈妈”闭上眼睛，将自己导入到真正妈妈的角色，然后睁开眼，开始进行游戏。

我递给“妈妈”一个卷纸，请“她”将纸紧紧地缠在妈妈扮演的小峰身上，同时要模仿妈妈平时管教小峰的语言、语气，边说边缠。每说到一份关心与管束，都要不断地缠上纸，要不停地缠。

“妈妈”很快进入角色，从“小峰”腿部开始缠纸。每当“小峰”觉得不舒服挣扎时，“妈妈”就会柔声地说：“这都是为你好啊！”或者哭着说：“妈妈为你付出了这么多，你就不能体谅妈妈吗？”“听话，让妈妈少操点儿心！”

纸越缠越多，“小峰”挣扎的频率越来越高。纸快要包到“他”的头部，“妈妈”探询地看着我，我点头鼓励他继续。“小峰”的头也被包起来了，“他”终于忍不住，含糊这样体验式的活动，比言语更能让人有深切的体会。

不清地哭出了声。

我们把卷纸慢慢解开。我请小峰妈妈坐下来休息一下，问她："作为小峰，你刚才的感觉怎么样？"

妈妈抽泣着说："窒息、束缚、难受，想摆脱……"她没有再说下去。

当我问小峰爸爸，他作为"妈妈"，做这些动作时感觉怎么样。他说："很辛苦。我体会到了孩子妈妈的辛苦。"

我告诉他："刚才这一句可不可以直接向你爱人表达，真心地告诉她。"

男性通常更疏于表达，尤其是情感的表达。因此妻子经常有得不到关爱、不被看到的感觉。这在很多家庭都比较常见。

爸爸坐过去，拉着小峰妈妈的手，说："刚才的体验，我真的觉得你为孩子做了那么多，太不容易了。平时咱们一说到这事就起急，我心里有这句话，也说不出来。"

妈妈情绪一下子失控，捂着嘴、身体剧烈地抖动着。小峰爸爸拍着妻子的背，我看到了这个男人眼里的泪光。

小峰妈妈付出多年，如今才听到丈夫这样认可的话。她的情绪可想而知。

我说："刚才我们缠的不是纸，是爱，是妈妈给孩子的无穷无尽的爱。"

两个人沉重地点点头。

休息了一下，我问两人愿不愿意互换角色再次进行体验。小峰妈妈摇摇头："老师，我不想做了。平时听了那么多教育理论，说实话，我总是有意无意屏蔽掉那些我不爱听的，我觉得理论不能涵盖全部。我有个大前提是我不容易，我要好好爱我的孩子，让他少走些弯路。刚才的体验，时间很短、很简单，却让我刻骨铭心。"

"我的孩子太可怜了，"小峰妈妈继续说道，"难怪孩子要以死相逼。唉，我糊涂啊！"

孩子有自己的未来

我说："你们知道小峰和同学一起开了个公司吗？"

"啊？他到底还是开公司了？有没有赔钱？"妈妈下意识地提高了声音，随即又恢复常态，有点儿不好意思地说，"看我，都习惯了。他有次跟我们提起过，我没同意，我认为学生在学校学习才是主业，创业也要等毕业后。没想到他还是瞒着我去做了。"

小峰爸爸拍了拍她的手，说："孩子想做就让他做吧，赔赚也不要紧，需要帮忙时咱给保底。不管结果如何，这也是一个经历。"

妈妈"嗯"了一声，没再说话。

所谓的危机，既是危险，也是机遇。经过小峰的事，父母也有了新的成长。

小峰爸爸轻声笑了一下，对我说："老师，这是我们这些年在孩子的问题上交流最好的一次。"

小峰妈妈也不好意思地笑了。

我笑着对小峰妈妈说："你平时屏蔽、不爱听理论知识，今天我是想给你讲点儿理论知识呢，不知道你听不听得进去。"

"能！能!"她连声说道。

我们三个人都笑了。

我告诉他们，发展心理学认为，人们在成长的每个阶段都有不同的发展任务。随着孩子的成长，家长提供的帮助要慢慢变少，这样才能让孩子符合发展规律，茁壮成长。而当孩子年满18岁，步入成人社会后，家庭的重心要回归夫妻的二人世界，因为孩子要有他的崭新生活，未来还会有他的新家庭。父母的眼睛一直盯着孩子，一直不肯放手，对于孩子来说，不啻为一场灾难。

经过调整，爸爸在家庭事务中的位置似乎也有了重新定位。

我说：“妈妈刚才的表现特别值得祝贺，以后在家里还请爸爸多加提醒，毕竟习惯不是一下能改过来的。今天的体验也可以和孩子分享，我想他会很开心。孩子并不想失去生命，相信你们的改变会让他更热爱生命、热爱生活，也会更爱你们。”

“我们一定会努力的，老师。”爸爸抢先说。

小峰的爸爸妈妈走出咨询室，很快又走回来，对我深深鞠了一躬，妈妈含着眼泪说：“我俩商量了一下，只能用这种方式来表达对您的感谢了。感谢您帮助我们全家，尤其是我俩，我们其实已经很久没有正常说话了，现在感觉两个人的心又近了。”

真是最美好的感谢。

想对父母说的话

可怜天下父母心。

没有不爱孩子的父母。可是为什么会有那么多的人间悲剧？

是爱的方式出了问题。

小峰的妈妈太爱小峰，过度的爱，就变成了控制。由此带来的窒息感，逼得小峰甚至要在生命与爱之间做出选择。

爱也是要有界限的。

孩子出生时被父母紧紧抱在怀里，长大要学走路了，再抱他就会违背人的发展规律。随着孩子的长大，让他独自往前走，但他知道，父母站在他身后，是他坚实的后盾，这才是好的亲子关系。而好的夫妻关系，则是亲子关系的基石。

练习：家庭生命周期

家庭生命周期，指一个家庭从形成到解体的过程（此处特指有子女的家庭）。家庭在每个生命周期都有相应的任务：

•年轻人成年离开家庭：需要担负情感和经济自立的责任。

•结婚组成新家庭：致力于新的家庭系统建设。

•孩子降生：做好各方面准备，接受新成员进入家庭系统。

•拥有儿童、青少年的家庭：增加家庭的弹性，以容纳孩子的独立和祖父母的衰老。

•孩子离家独自生活：重新进入二人世界。

•步入晚年：接受代际间角色的转换。

当孩子发展到一个新的阶段，如离开幼儿园或进入青春期，不是只有孩子需要学习适应新环境，整个家庭都必须重新调整适应。因为这些变化不仅会对孩子造成影响，也会对父母和其他家庭成员带来影响。

因此，清楚地认识家庭在生命周期的变化中常会遇到哪些问题显得尤为重要。

你的家庭现在处于哪个周期？可能会遇到什么问题？试着写下来，看看可否为解决这些问题做些什么：

① ______________________________

② ______________________________

③ ______________________________

嘴巴和耳朵有“开关”的女孩

——让孩子按自己的节奏成长

小雨妈妈看起来非常能干，一进咨询室坐好，她就开始语速很快地说话，说她对小雨的担心，说小雨马上要大专毕业了，可一点儿都不主动找工作，说小雨在出生时头部有挤压造成大脑反应慢等，滔滔不绝。

我暗自观察小雨，这个姑娘高高瘦瘦，留着短发，坐在旁边的沙发上，面无表情。

我请小雨妈妈停一下，我要澄清一下她们前来咨询的目的是什么。

小雨妈妈说：“我觉得我们孩子有问题，她老这么不找工作，这样不行啊，所以希望您能帮助她。”

小雨的面无表情，在我看来，就是两个字：抗拒。

小雨一副事不关己的样子，依然面无表情。

“我不知道说什么”

我说：“好，刚才听您说了一会儿，我想听听孩子怎么说。”

“好好，”妈妈说道，扭头对小雨说，“把你心里怎么想的，和老师好好说说。”

小雨显然走神了，没有听到妈妈在说什么。

“啊？你说什么？”小雨茫然地问。

“这孩子，刚才说的你没听见吗？今天上老师这儿来了，把你心里怎么想的给老师说说。”妈妈重复了一遍。

“我不知道说什么。”小雨眼皮都不抬地说，声音小小的。

“老师，这孩子就这样，刚见面时不爱说话。”妈妈连忙说，“我再给您补充一点，她以前上的都是有名的小学和中学，我们想办法给她安排进去的。可能她因为脑子慢的问题，功课一直不太能跟得上，我们也觉得挺没面子的。后来她上了个大专，我们觉得挺好的，可她就是不上进。哦，还有，她也没什么朋友，这样不行啊。”

女儿已经要大专毕业了，妈妈还当着外人的面一直这么说女儿，完全没有顾及女儿的感受。

我再看小雨，她动了动，身体侧对着妈妈。

妈妈当面这样说，我觉得小雨会不舒服。我再次温和地打断她，并希望和小雨单独谈谈。

小雨的身体语言其实已经表明了她的态度。

小雨妈妈不放心，一步三回头地出去了。

逆境中长大的孩子

妈妈出去后，我问小雨：“妈妈刚才说你没有努力找工作，你怎么看？”

我判断小雨是听到妈妈的话的，只是她不想理而已。所以就直接问她其中一项内容。

小雨转过身体，面对着我，说：“她怎么知道？您别听她说的，天天唠叨，烦死了。”她的声音大了些，和刚才妈妈在时判若两人。

小雨告诉我，她学的是平面设计，不过她的兴趣点在动漫，所以她在找动漫方面的工作。妈妈做事比较快，而她自己是个慢性子，妈妈总是看不惯自己。

我和小雨谈她学校的生活，了解到她和大学同学关系不错，只是因为同学很多都是外地生源，平时她回家就和大家母女沟通由此可见一斑。孩子不说，妈妈只能依据自己的观察来判断，这个观察是不是孩子的真实情况就不好说了。

网上聊天。小雨给我讲他们上学的趣事，很开心。

我有些疑惑："妈妈是不是不太了解你在学校的生活？"

小雨说道："我不告诉她，她当然不知道了。"

"那你知道她对你的期望吗？或者，你觉得她带你来咨询想达到什么目标？"我说。

"我真的不知道。不过我觉得和您聊天挺开心的。我平时在家话少。"小雨说。

"我看妈妈挺健谈的。"我说。

"嗯，我们家的话都让她一个人说了。"小雨说。

"爸爸也不爱说话吗？"我问小雨。

"我爸？我讨厌我爸！天天白天没事就在家待着，也不知道捣鼓什么，我只要在家他就让我干活，买菜做饭都是我的事，还老嫌弃我，说我这不好那不好的，以前还打我，哼！我在家尽量不和他说话！"

"看起来和妈妈交流多一点儿。"我说。

只有在现在这个学校，比别的外地同学知道得稍多一点儿，才能给小雨带来一点儿自信。而她自己的"本事"，则是她在这种逆境中生存下来的"法宝"。

"我俩是说话，有时我也给她讲点儿好玩的，但她太能干，我觉得她也一直嫌弃我。老师，比起别的孩子来，我长这么大真挺不容易的，我简直就是逆境中长大的孩子。我成绩不好，老师不喜欢我。在学校，因为我妈老去找老师，同学是不敢欺负我，也有几个朋友，不过关系一般。到大学住校了，同学好多外地的，我知道的比他们多，这才觉得好些，和他们在一起还挺开心。可是你看我妈，从来说话一点儿面子都不给我留，平时都这样，我习惯了，她说的时候我都听不见。"小雨有点儿调皮地说，"我有两个本事，我的嘴巴和耳朵都有开关，我妈越说我，我就把说话的音量调得越小；她说我，我就把耳朵关上。反正她都嫌弃我了，我也不在乎她再多一些嫌弃。"

在外人看来，小雨从小读名校，家境也不错，看起来没什么问题。可对小雨而言，她的生活充满逆境。原来很多时候小雨传递给父母的信息都是假象。

每个孩子都希望得到认可，都需要自信，特别是来自父母的肯定。我看到了小雨的不容易，也看到了她隐藏的渴望。

"如果奇迹发生……你觉得可能会是什么样子？"这样的"奇迹问句"先预设了问题可以解决，再引导当事人从中找到改变的线索。家长们日常是可以学着用的。

"希望父母别总嫌弃我"

我问小雨："如果奇迹发生，你们家三个人的关系变成了你理想的样子，你觉得可能会是什么样？"

小雨看了我几秒钟，夸张地笑了："老师，您开玩笑吧！我家怎么可能发生奇迹？"

小雨的反应很正常，几乎每一个听到这个问话的人都会这样说。因此，在使用奇迹问句时，提问者要坚信奇迹有可能发生，才能将问题进行下去。

我说："可以试着想想，万一会有奇迹发生呢？真的不是没有可能。"

"那好吧，我的理想很简单啊，就像别人家的爸爸妈妈一样，跟孩子是朋友，别总嫌弃我。"小雨不假思索地说。

"和父母关系的改善你们大家都有义务，假设父母可以做出改变，相应地，你会做出什么样的改变呢？"我问道。

"只要他们变了，我自然会变。"小雨说。

引导小雨将她说的"我自然会变"落到实处，让她具体来说，哪怕一点点。这样有利于接下来具体行动的改变。

"其实我还是希望听到你说说你的具体变化，哪怕一点点，也是可以的。"我对小雨说。

"真要那样，我就把我的开关全部作废，让他们看到一个真实的我。"小雨认真地说。

"好！"我和小雨约定，我们一起为奇迹发生做努力。

我邀请小雨和我一起与她妈妈谈，她谢绝了我，说自己不太好意思，要再等等。小雨还没有做好准备，那就再等等，没关系，等她准备好再开始。无条件地接纳孩子，静待花开。

“这孩子怎么能装这么久”

小雨妈妈再次进来时，很急切地问我：“老师，你们谈得怎么样？”

我说：“我们只谈了一会儿她找工作的事，其他主要是谈她大学的生活、整个状态等。但我有一个非常重大的发现，小雨刚才和我谈话的状态和你在场时完全不同！”

对于妈妈来说，孩子的表现和自己看到的反差太大，一时接受不了，是再正常不过的反应。其实，有特别多的孩子在家和在外是两个样子，家长是不是真正了解孩子，从这些细节也可以看出。

不出所料，小雨妈妈非常惊讶，甚至有点儿慌乱，喃喃地说：“不会吧？怎么会这样呢？”随即又提高了声音，说：“这孩子怎么能装这么久！”

我请小雨妈妈稍微平静一下，想一想可能的原因。

妈妈没有想，急急地对我说：“老师，我们都觉得这孩子从小比同龄人反应慢，所以我在她身上操碎了心。我以前什么事都给她安排好，现在她大了，我们想着不能再这样下去，不然以后她不能自立，就想让她自己努力找工作。可是她又不动，急死人！现在还发现这么一个情况，这到底是怎么回事呀？”

有时候，太急于表达，反而失去了思考的机会。

我请她不要急着表达，先想一想造成孩子这种情况的原因。

小雨妈妈靠在沙发背上，闭上了眼睛。咨询室一片寂静。

几分钟后，她慢慢开口了：“我是管孩子太多了？”

我并没有回答这个问题。

“重走一遍”小雨的成长路

我说：“也许你可以回想一下你们在家里时的情景，越详细越好。我们一起来看看那是怎样的状况。”

小雨妈妈给我讲了他们在家的情况，突然眼圈有点儿红，说："她爸爸对事业无欲无求，单位也没太多事，经常在家。我挺瞧不上他这点的，就想我不能让孩子和她爸一样。可是孩子又没有那么争气，我心里急。心里急嘴上就管不住，老说老说，才把孩子说成这样。"

我说："可能还有说孩子时没有太注意场合，也没有太关注她的感受。"

为了让妈妈更深刻地体验到小雨的感受，我决定采用角色扮演的方式。我邀请另一位咨询师来帮忙，请她扮演小雨妈妈。我们一起协商了几个场景，如大考小考成绩不好、开完家长会后训孩子、嫌孩子做事慢自己去替孩子做等。

随后，我请小雨妈妈闭上眼睛，引导她成为那个小小的、弱弱的小雨，请她体会作为小雨的心情。

我们一起模拟，"重走"一遍小雨的成长路。

还没有模拟完中学的场景，妈妈就泣不成声，请求停下来。她对我说："老师，不用再继续了，我太心疼孩子了，我之前真是太残忍了！我只是想她进步再快一点儿，再快一点儿，我们年纪大了，好让我们早点儿安心。我真是错了，错了！"

"我现在特别想抱着我女儿，告诉她妈妈是真的爱她，但是妈妈险些害了她！"小雨妈妈哽咽着说。

我告诉她，我们做家长的，往往会忽略孩子的感受，其实有时，我们所做的更多是满足自己的需要，比如，刚才说的让自己安心。每个孩子都有自己的特点，有自己独特的成长节奏，当家长期望的节奏和孩子自身的节奏不一样时，会产生各种矛盾。

我们做成年人太久了，忘了自己是孩子时的样子。角色扮演用代入角色的方式，让妈妈体验小雨成长的艰难。

一起期待奇迹发生

虽然妈妈特别想马上告诉小雨，我还是请她等一等。因为我们还有一件重要的事情要做，就是要谈一谈小雨爸爸。

小雨爸爸没有来，但他是家庭的一分子，理想情况是他也需要一起调整。小雨妈妈说，爸爸的调整可能有难度，不过因为她在家庭里占有主导地位，她会想办法让爸爸做出改变的。

在家庭中，占主导地位的那个人主动改变，带动其他人一起改变的力量会更强。

小雨妈妈说："他其实也爱孩子，但也不懂怎么爱，方法简单粗暴，经常对孩子不满意。"

随后，我们一起讨论了与孩子沟通的一些技巧。对于小雨而言，积极发现她的优点，及时肯定她，帮助她提升自信，这方面尤其重要。

通常，我们遇到问题的时候，就是提示我们需要学习一些技能了。

技能很容易学习，更重要的是在实践中应用。

我打算邀请小雨一起参加实践应用的讨论。不过，我提醒小雨妈妈，如果可以，先不要给小雨太大的情绪冲击，也许真诚地道歉就足够了。

小雨收到妈妈的道歉后，愣愣地看着我，我笑着对她说："我们一起期待奇迹发生吧！"她有点儿迟疑地点点头。

我们随即共同讨论了当妈妈要唠叨时，小雨可以用什么方式进行提醒等细节。

我们约好一周后一起来看实施效果。

不是每个家庭都可以很快地从理念转为行动，小雨家里在调整的过程中也遇到问题，出现反复。所幸，改变的"雪球"越来越大。小雨期待的奇迹在大家的共同努力下，终于发生了。

想对父母说的话

我听很多孩子说过：“我在家里和外边完全两个样。”身为父母，你真的“认识”你的孩子吗？你的孩子在你面前和在别人面前表现真的一样吗？当孩子的嘴巴或耳朵关上时，你会意识到吗？

这真是一个巨大的课题。

有时，我们做成年人太久了，可能会忘记自己做孩子时的样子。当我们与孩子之间遇到问题时，就是提示我们需要学习一些技能了。学做一个好妈妈/好爸爸，是我们身为父母一生的功课，我们需要随着孩子成长的脚步进行调整。

看到那些来咨询，愿意为了孩子进行调整的家长，我常常发自内心地为他们高兴。及早发现问题，尽早解决问题，这是真正的应对之道。当然，改变的过程是对以前固有模式的挑战，不会那么轻易完成，一定要有足够的耐心。

练习：“行动一小步”法则

每当我们遇到问题时，都会期待改变，期待改变后问题解决了的样子。可是，改变的过程又是如此漫长，走出原来习惯的状态非常困难。怎么办?

这时候就到了“行动一小步”法则大显身手的时候了!

所谓“行动一小步”，即解决问题的最小行动方案。一旦小的改变发生了，它会导致一系列更多的改变发生，最终这些改变的累积，会导致发生系统性的大的变化。

“行动一小步”的优势在于：不要那么多，只要一点点。这样的一点点，只要我们愿意，做的难度还是相对小很多的。而当我们发现自己可以做点儿什么和以前不一样的事情时，自信会一点点累积。用每天“行动一小步”改变来激励自己，给自己正向的暗示，会收到意想不到的效果。

再次提示：不要贪图快速改变。也许，那些“行动一小步”就是：

① 原来不做家务的孩子吃完饭把自己的碗收到了厨房。

② 不高兴就出手打人的孩子，在一次冲突中，想去推小朋友，但是想了一下，停手了。

③ 孩子答应减少玩游戏的时间。之前每天要玩2小时，今天玩了1小时45分钟。

……

请记录你们家任何人的“行动一小步”，相信你们会距离改变的目标越来越近：

① ____________________

② ____________________

③ ____________________

④ ____________________

每一个小小的改变都值得关注。

第3章

家庭中的力量博弈

“我的孩子有抽动症”

——焦虑情绪使家庭陷入负性循环

萱萱要上一年级了，她的妈妈非常焦虑。预约时，说萱萱有非常严重的抽动症。她曾经带孩子去医院看过，但是孩子特别排斥医院的环境，因此她想找心理咨询师来看看有没有办法。

在与孩子工作时，让父母参与进来，可以从他们与孩子的互动中，看到很多他们在日常教养生活中意识不到的问题。

我需要先给萱萱做个评估，也请萱萱的父母和孩子一起来我的工作室。

放松状态下的观察

我先邀请萱萱进行沙盘游戏。萱萱很快投入进来编了一个故事，将沙具移来移去沉浸在自己的故事中。

我在萱萱边上，听她讲故事，不露痕迹地问她一些相关的话题。我们离得很近，我注意到每隔一会儿，萱萱脸上会轻微抽动一下，特别轻微，不注意看基本发现不了。

萱萱爸妈中间隔着的这段距离，也是他们夫妻关系的外在表现。

咨询室有一组长沙发，两组单人沙发。萱萱爸妈坐在长沙发上，中间隔了一些距离。

从进入咨询室起，妈妈就一直很紧张，一会儿盯着孩子看，一会儿又看着我，挪来挪去，一副不安的样子。过了十几分钟，她终于找了个机会示意我出去和她聊聊。

父母的焦虑情绪会将孩子的问题放大

到了隔壁咨询室，妈妈焦急万分地问我："老师，您看我们孩子是不是很严重？我都要急死了！另外我有些情况想单独和您说一下。"

我把刚才观察到的情况告诉了萱萱妈妈。

妈妈说："啊？还不明显啊！我觉得太明显了，她整个面部都动！您真的没发现吗？"

我告诉妈妈，对于一个初次见面的人来说，如果离那么近，一直有意观察才会发现的话，似乎萱萱的抽动情况真的没有她认为的那么严重。

萱萱妈妈愣了一下，说："其实之前去医院医生也说不严重，没必要吃药。可是我天天看着她，觉得一天比一天严重，太闹心了。"

我问她，幼儿园老师有没有提到过这一点。

萱萱妈妈说："那倒没有，我们孩子在幼儿园表现特别好，唱歌跳舞都很好，老师很喜欢她。再说了，我可不敢让老师发现这毛病，万一要是传开了，那可怎么办？"

每个家庭都有或多或少不足为外人道的秘密。为了怕给孩子带来不必要的麻烦，父母通常会非常保护孩子的。

我很理解妈妈的心情。

我询问平时她发现孩子有抽动时是怎么做的。她说："我就提醒她呀，我说，宝贝咱们能不能忍一忍。其实，我也查了一些资料，知道这是肌肉的不自主行为，但是我忍不住总要说她。"

我又问道："您有没有观察过孩子在紧张和放松状态下面部抽动情况怎样？"

萱萱妈妈忙不迭地说："有——有，她要是紧张的时候会动得更厉害。所以，我有时也在克制自己，可是我实在太焦虑孩子知道自己有抽动的毛病，也会变得敏感，很紧张大人提及此事。这时，父母要做的是帮助孩子缓解焦虑，而不是把自己的焦虑转嫁到孩子身上。

了，控制不了啊。另外，我也想和您说一下我家里的情况。”

这时，房间的门被推开一条缝，萱萱探头进来：“你们在聊什么呀？是说我吗？”听萱萱这么说，我猜这个敏感的孩子要多想了，连忙打岔说：“萱萱来了，我和妈妈在聊点儿事情，你的故事怎么样了？”

萱萱说：“我给爸爸讲完了，我不想玩了，就来看看你们在干什么。”

我问：“那你愿不愿意画画玩？”

萱萱一听，马上很开心地说：“好啊好啊！”

绘画治疗

绘画也是一种常用的心理辅导技术，多用来了解来访者的内心世界。让萱萱绘画，一方面是为了简单评估萱萱的紧张程度，更重要的一个作用是观察她在做有兴趣的事时，抽动状况是否明显。

我让她随意画自己想画的内容，再给我和她妈妈几分钟，让我们把刚才没说完的话说完。她爽快地答应了。

我先提醒萱萱妈妈：“孩子非常敏感，她其实不太放心我们，会担心我们在谈论她。”萱萱妈妈点头称是，说，可能平时家里大人在一起不自觉地会说她的事，孩子对这方面很敏感，不愿意别人提。我提议让妈妈回去后从自身做起，将目光从孩子身边移开一些，不用过于关注那些小的抽动。而且也要带动家人都这样做，让孩子在这方面稍微放松些。妈妈答应了，说她这次一定要坚决做到。

然后，她加快了语速，说：“老师，我觉得我老公也有问题，他平时工作太忙，基本不管孩子，要管孩子也没什么耐心。我家情况是我们和我妈住在一起，就是和姥姥住一起。我们平时工作忙，姥姥从小带孩子多，姥姥是高级知识分子，很优秀。我学习也还可以，所以我家人对孩子期望很高。可是我老公不一样，他很小的时候父亲就去世了，我觉得他在当父亲这方面也没有什么榜样作用，不太会当父亲。所以我们经常会发生争执，争执越来越多以后，他就开始逃避。他忙是一方面，但真不至于忙得把家当旅馆。我觉得我们这样对孩子也有影响……”

从萱萱妈妈不停歇的一大段讲述中，我大致明白了他们家的家庭结构，我告诉她，我还需要再和孩子做些交流，仔细评估后，再来看后边的咨询安排，也许会需要全家一起，或者夫妻一起。

这时，门又被推开了一条缝，萱萱喊道：“你们还没有说完啊？我都画好了！”

萱萱拉着我的手，去看她画的一家三口外出郊游的画。她画了一幅彩色的画，欢快地讲着故事，一边咯咯咯地笑，我再看孩子脸部，几乎看不到抽动。在交流中的观察，我初步评估萱萱的抽动状况并不严重，反而是家庭中传递的焦虑情绪需要调整。这样的焦虑情绪不但影响了萱萱的健康情绪，加重了行为问题，同时还间接影响了萱萱父母之间的夫妻关系，使这个家庭陷入了一个负性循环之中。

我建议萱萱的父母下次一起过来，孩子暂时不用来了。

组成新家庭的两个人，本身就带有双方家庭的烙印。而事实上，很多的家庭并不只是一家三口生活在一起，大家庭一起生活，对孩子的教养方式就会产生这样那样的冲突。孩子的很多问题行为，与这些冲突脱不了干系。

解铃还须系铃人，萱萱在放松的情况下，抽动状况完全可以忽略不计。因此，真正要调整的，是她的养育者。

如果眼泪会说话

几天后，萱萱父母如约过来。我开门见山，希望他们能一起谈谈夫妻之间的状况。萱萱妈妈率先开口，她说，自己回去想了想，很认可老师的看法，觉得夫妻需要先调整。她很快讲起了自己家的状况以及自己的育儿观，滔滔不绝讲了好几分钟，我适时打断了她，希望也能听孩子爸爸说一说。

萱萱爸爸神色复杂地看着我，无奈地笑道：“老师，您看到了吧，我俩平时就这样，她一说起来我就插不上话，而且什么都是她对，后来我就干脆不说了。不说吧，也不行，她又嫌我不说，老说我，我也烦。实话说我也苦恼，不知道怎么和她相处。我们家的情况我觉得是绝对女权主义，姥爷在世时，虽然我俩都是被批评的对象，但还能聊几句，现在姥爷去世了，我更成了少数派。姥姥是高级知识分子，认为自己培养的孩子很成功，坚持要用自己的做法来要求孩子。我家在农村，这方面确实也有点儿没底气，所以教育孩子的事上也没辙。就说孩子这个抽动，我其实觉得没什么，但是她们两个都觉得严重得不行，我说话也没人听。”

这对父母呈现的状态大抵也是他们日常生活中的状态。萱萱妈妈和爸爸的日常互动，在此可见一斑。

萱萱妈妈听到这里，情绪开始激动，她语速极快地反驳丈夫，突然开始流泪。

我问她：“如果你的眼泪会说话，你觉得它会说什么？”

“委屈！我的眼泪会说我太委屈了！”萱萱妈妈对着我说，“他每天回家都那么晚。”

咨询师在这里的作用是帮助夫妻二人看到他们的状况，引导他们进行调整，而非对是非的判断。当咨询师发现来访者的一些问题时，当场对他们进行训练，以便让他们体会到那些久违的感觉。

我请她停一停，请她试着和丈夫对话，而不是和我对话。

萱萱妈妈看着丈夫，说：“你现在天天回家那么晚，回来后说累，和我说不了几句话，你要不就不管孩子，要不急了就动手。现在，我们这个家哪像个家啊？我们家一直都是这样，我们都习惯了，你说你在家没有话语权，可是你也从来不说，你不说我怎么能知道？”

萱萱爸爸愣住了，他只知道妻子的强硬，从来不知道那强硬后边也有委屈。

“可是，你有委屈，我也有委屈啊。”他呆了一呆，喃喃地说。

当两人关系中有“感受”被表达出来时，对方会更能感觉到这是真实的人与人之间的对话。

这是领悟力极强的一对夫妻，当我们从夫妻情感需求、沟通方式、设身处地从对方角度出发等方面进行讨论时，他们开始反思自己。

我告诉他们，妈妈和姥姥性格都偏焦虑，而且对孩子要求很高，时刻关注孩子的一举一动，孩子虽小，但她压力很大。爸爸妈妈之间的争吵也会给孩子带来更大的压力。所以目前家庭状况陷入了负性的循环。

教养孩子是父母的责任，也只有当夫妻关系真正和谐，在养育孩子方面达成一致，才能让孩子有快乐的童年，才能为孩子以后的美好人生打下好的基础。

萱萱的父母非常认可我的观点。随后，在咨询室里，我训练他们学习怎样及时表达自己的感受。这是他们最欠缺的，也是夫妻关系中最核心的部分。在夫妻关系和谐的前提下，才能去带动家里其他人，改变要一点点开始。

而他们，已经很久很久没有好好对过话了。

“艰难地说服自己不要总盯着孩子看”

在多人的家庭咨询中，来访者在咨询室中的位置很有意味。这一对夫妻，从第一次来时中间有些距离，到这次靠得近了很多，他们的心近了。

再一次过来时，两个人的情绪有了明显变化，坐在沙发上靠得近了很多。

走出调整的第一步，他们看到了生活的变化。随后，是夫妻双方育儿观念的调整。萱萱妈妈说，自己也在反思，给孩子那么高的要求，那么大的压力，是否有必要。说姥姥虽然对孩子期望高，但也不是不明事理的人，孩子的抽动状况给家人敲了警钟。

萱萱爸爸也说：“工作是忙，但实话讲，有逃避的意思。家庭的事，其实是无处可逃的。女儿的事提醒我，我也要好好学习怎样当一个好父亲。”

咨询的后期，我没有再见萱萱。萱萱妈妈说，她艰难地说服自己不要总盯着孩子看，艰难说服姥姥不要总盯着孩子看，大家互相提醒。慢慢地，她发现，当他们不再那么紧张孩子的面部抽动时，抽动竟然没有那么明显了。而同时，随着夫妻的共同努力，家里也恢复了最初的欢笑。

想对父母说的话

在婚姻的关系中，夫妻双方是两个来自不同家庭的人，他们每个人都带着自己原来家庭的烙印，生活中难免会有一些分歧。尤其是当新家庭和其中一方原来的家庭成员（公婆家或岳父母家）生活在一起时，这样的分歧可能会更加明显。

当家庭出现矛盾时，家庭内部开始无意识地博弈。力量强的那一方占了上风，生活由他们来操控，当然，包括孩子的教育。他们希望孩子像他们期望的那样优秀，因此，必须从小严格要求。

并不是所有孩子都可以承受这样的压力。不能承受时，孩子的身体会代表孩子来抗争。萱萱的面部抽动是有功能性原因的。

父母的爱会起到积极的帮助作用。当父母齐心协力开始调整，家庭状况出现良性循环，孩子不再有来自多方的压力，她的身体会慢慢放松，尤其当家人不再负强化时，抽动会离她越来越远。

有些抽动症的孩子会随着年龄增长自愈，也有些孩子会一直伴随到成年。对于孩子成长中的问题，父母的态度具有示范作用，父母接纳、放松的态度，会帮助孩子更好地面对问题。

练习：学习“感受表达”

在萱萱的家庭中，养育者们博弈产生的后果无疑加剧了萱萱的紧张。除却双方原生家庭（即与各自父母在一起的那个家庭）的印记，夫妻间交流时不能很好表达感受也是造成气氛紧张的重要一环。

感受与想法的比较：我们大多数人擅长表达“想法”，却往往忽略掉“感受”的表达，那才是真正沟通的部分。

例1：在工作上如果没人对我的建议有回应，我会觉得有被驳回的感觉。（想法）

在工作上如果没人对我的建议有回应，我会觉得焦虑。（感受）

例2：你怎么能做这样的事，真让人无法理解！（想法）

我感觉非常困惑：你怎么会做这样的事情？（感受）

例3：我觉得你是故意惹我生气。（想法）

我很不高兴，因为我认为你是故意惹我生气。（感受）

例4：看着这些新科技的到来，我觉得自己落伍了。（想法）

看着这些新科技的到来，我感到担心和气馁。（感受）

例5：我觉得自己对他们表现得很不客气。（想法）

关于我对他们态度不好这件事，我感到很后悔。（感受）

①看到这些例子，你此刻的感受是什么？

②有些以“我觉得”开始的句子所表达的其实是想法，并不是感受，请举几个日常生活中的例子。

③试着写出一些表达感受的词，并在日常生活中练习使用，

如：幸福、惊讶、痛苦、不耐烦、怨恨等。

____

____

____

____

____

“我妈让我很抓狂”

——亲子间的被依赖和被管控

小靓是大学四年级的学生，已经考上了研究生。临近毕业，学校的事情少了，待在家里的时间多了，但心情却越来越烦躁。

小靓看起来很干练，说话逻辑清晰，不太像一般的小女生，是一个很理性的姑娘。

“我妈让我很抓狂”

这个理性的姑娘现在遇到的问题是和妈妈的关系，这让她很抓狂。小靓父母离异多年，她和妈妈生活在一起。最近在家里待的时间多，母女俩冲突不断。

小靓抱怨道：“我的生活一点儿都不能自己安排，我妈现在不怎么上班，天天就盯着我，给我安排各种活儿。我不是不爱干活，关键是这个还没干完那个又来了，她就是拍脑袋，一会儿想起这个一会儿想起那个，还嫌我做得不好。我现在既是家里的小时工，又要管家里的大小事务，还满足不了我妈的期待。我俩天天吵，我都烦死了！”

“生活一点儿都不能自己安排”，是小靓最大的抱怨。听起来似乎是妈妈在把控她生活的节奏。

“天天吵啊，那是挺不愉快的。”我说道。

“是啊，我妈这人负面情绪特别多。就说看电视，她对电视剧里的人物有特别多的看不惯，我就想不明白有什么可看不惯的。刚开始我还和她争论，后来我就不想理她了，各看各的吧。我不说话她就找我说话，可没说两句她又跟我呛起来了。上回大吵一架后，现在我俩看电视谁都不说话。”

不是战火硝烟，就是漠然冷战。这其实在很多家庭中都常见。因此，家庭中总要有人先走出一步，比如对外求助。走出一步天地宽，变化自然会来。

看来这母女俩的关系不是战火硝烟，就是漠然冷战。

我问小靓：“妈妈知道你来咨询吗？”

小靓摇摇头：“没跟她说。要让她知道了，估计也想跟我来呢，有次她念叨了一下说想找心理咨询师做咨询。”

我说：“那你就和她一起来，那样更利于问题的解决。”

关系出现问题，若想改善，比较理想的状态是关系中的每个人都积极参与到改善关系的努力中来，这样会更加高效。

“啊？更利于问题解决？我怕和她在咨询室没法沟通，又吵起来呢。”小靓说。

我告诉小靓，出现问题的双方一起进行咨询，一起调整，会更有利于问题的解决。即使两人在咨询室吵起来也不要紧，我来把握局面。

集中爆发的怒火

第二次咨询，约好的时间到了，小靓急匆匆地走进咨询室。

我说：“妈妈没来啊？”

“来了！在楼下吃饭呢！点好餐，我看时间到了饭也没吃先上来了。我妈这人真是太过分了！完全没有条理！”小靓气呼呼地说，“本来出门时间我安排得好好的，到这边还有时间吃饭。她可好，磨蹭着出不了门。出门后都下楼了，我问了句钥匙带没带，她才想起来没带钥匙，我今天咨询完回学校，明天回去她也不一定在，那她不带钥匙怎么办啊，我只好回去给她拿钥匙。然后走到公交站，她突然说：‘呀！我没带公交卡！’没带就没带吧，那就花钱买票吧。不行，非说花钱买票贵，要回去拿。我也不能让她回去啊，我就又跑一趟。气死人了！和她一起时间成本真是太高了！”

小靓在讲述事件经过，其实她的不满情绪后面还有一些被忽略的正面信息，将这些信息提取出来，对冲突的化解会起到一定作用。

“气归气，我听起来你还是心疼妈妈的。”我说。

小靓愣了一下，语气缓和下来，叹了口气：“我是心疼我妈，可就这些小事天天能把我气死！”

我说道：“其实单说今天的事，似乎也不至于生那么大的气，在我看来你这里主要是积怨。”

每一个小问题都没有解决，积攒下来就变成大问题，容易触发激烈情绪。在所有的关系中，遇到问题如果能够及时解决，比积攒下来集中爆发不知道要明智多少倍。

“对对对，”小靓点头道，“所有都是，在小事上生气，没办法解决，越积越多，恶性循环。我也感觉到我现在特别容易被激怒。”

这时，妈妈敲门进来，满脸歉意地解释晚到原因，一边对我说：“我又惹她生气了。”

既依赖又控制的妈妈

妈妈对女儿的依赖，其实间接反映了这个家庭男主人的缺位。

妈妈看起来比较柔弱，说这话时带着点儿不好意思。她说：“不知道为什么，我和女儿在一起就特别依赖她。我觉得她很能干啊！她学习好，而且生活中很多事都会做。所以我感觉我们在一起的时候我脑子都不转。其实，平时我自己出门也没有这么丢三落四。”

“您是依赖我，太依赖我了！什么活都等我干，我都成咱家小时工了！”小靓依然气呼呼的。

“那咱家就咱俩，我身体不好，你多干点儿也是应该的吧。”妈妈转向我，眼圈红了，“老师，我家的情况您可能也知道一些了。我和她爸爸分开很多年了。我身体特别不好，有很多病，现在又到了更年期。我总担心我活不了太久，我怕我走了之后，孩子一个人，她得独立生活啊。所以我一方面是依赖她，另一方面也想锻炼锻炼她的生活能力。我老觉得这孩子在家没有主人翁精神。”

真是可怜天下父母心。妈妈有自己的担心，她想锻炼女儿的独立生活能力，却没有考虑到女儿是否能接受这样的方式。

我问小靓：“妈妈的身体情况和她的这些想法，你之前了解吗？”

小靓说：“我知道。可是也不能总是拿这个说事，把我遛得团团转吧。一件事接着一件事，关键是我干活时她还指手画脚！实践证明，她说得根本都不对，还耽误我时间！不听她的吧，她还不高兴，觉得我不听话。”

“听话”似乎是一些家长对孩子的基本要求，家长认为自己人生经验丰富，将经验传授给孩子，会让孩子少走弯路。事实上，这样的想法经常会在孩子那里碰壁。随着孩子年龄的增长，他们有自己的想法，哪怕不能确保正确，因为年轻，还有试错的机会。更何况家长也不能保证事事正确。

“我也是为了把事情做好呀。”妈妈说。

小靓说：“可是你知不知道这样特别没效率！我自己一个人干就行了，你还监工，说个不停。”

“可是我好像也控制不住。”妈妈有点无奈地看着我。

最主要的交流对象是孩子

我问妈妈：“您自己平时有什么爱好吗？”

小靓妈妈说：“我因为身体不好，单位也不要求我每天上班，在家时间很多。她回来我心思就全放在她身上，也没什么爱好。原来还锻炼锻炼，现在北京空气不好，我也不出去锻炼了。平时就在家里待着，我也挺困扰的，觉得孩子不快乐，我其实也不快乐。”

小靓的妈妈，工作不忙，没有特别的兴趣爱好，不太出门，没什么朋友。妈妈如果有自己的生活，注意力自然会从孩子身上移开些。

“会出去找找朋友吗？”我说。

“我没什么朋友，这两年有同学聚会，我开始还去，后来因为空气不好，不爱出门，就不太去了。大家微信聊天，我看一会儿手机眼睛累，也不太看。”妈妈轻微地叹了一口气。

“我可不可以这样理解，和孩子交流是您目前主要的交流渠道。现在看来，这个渠道也出现了问题。”我说道。

积极想办法解决问题

小靓的这个诉求在家里可能表达过不止一次，但在今天这样一个大家共同努力，借助外力（咨询师）解决问题的场合表达出来，效果会不一样。

“信任！您要信任我能做好那些事！信任我，不要在我干活时指手画脚，我就不会反感。我并不是不愿意干活，我是烦你话太多！”小靓这时候插话了。

“小靓已经在试着解决问题了。”我说。

小靓妈妈看了小靓一眼，说：“那好吧，回头你干活时我干点儿别的，尽量不干涉你。”

咨询师不会直接给来访者建议，但可以提出别人用过的有用的方法供来访者参考，由来访者来决定是否可以采用。

“早该这样了。还有，您能不能有条理一点儿，把让我干的活一次说清，别一会儿一个的，我特别不喜欢这样没规划。”小靓继续说。小靓做事希望有规划，妈妈并不是这样的人。两人之间的矛盾很多是由此而起。

妈妈无助地看向我。

我说：“我知道有些人喜欢把要做的事情列个单子。”

“那我就疯了！”小靓抢着说，“单子上会是永远干不完的活。”

我笑着说：“别着急，如果你们愿意，这个单子的内容可以商量着来，把要做的事情列个轻重缓急。而且可以贴在墙上，这样改动起来两个人都可以发表意见。”

办法并不一定有多么高深，最重要的是在生活中能够很好地运用。小靓家的情况，即使之前有这个方法，她和妈妈也不一定能够合理运用。

小靓妈妈“啊”了一声：“这个办法好！我也不是听不进孩子的话呀。”

小靓嘟囔一句：“这不是我平时总用的方法嘛，我怎么在家就想不到。”平时两人争执起来，是情绪层面的对抗，并没有针对解决问题去想办法。

“你们是陷在争吵的情绪中，而没有积极去想解决的办法。”我说。

“也是，我觉得我每天都没法思考。不能思考的生活对我来说就是一塌糊涂。”小靓说。

我问妈妈：“你了解你的女儿吗？”

小靓妈妈说：“我觉得还是挺了解的。她比较理性，我个人认为她有着比同龄人要强的思维能力。而我比较感性，所以我俩会有很多的摩擦。”

了解孩子并不是说说而已，在日常生活中真正做到了解孩子的个性、需求，从而有针对性地做事，其实也不那么容易。

我笑了，说：“说起来是比较了解，做起来好像就不是那么回事了。”

“是啊，其实我的做法是太自我了，没考虑到孩子的需求。而且，我确实太依赖她，还想管她，唠叨太多了，没有给孩子空间。”妈妈若有所思。

考虑别人的感受

下一次咨询时，两人面带喜色。

妈妈一进门就说：“老师，您真是太厉害了，您上次点拨了我们，我们回去做了调整，感觉真的好很多。”

只有当事人是真正了解自己的人，是行动上调整的主体。引导当事人发现自己的能力，并加以运用，很多问题都会迎刃而解。

小靓也笑着说：“我妈比较信权威，她回去就有很大改善。当然，我也有调整。这周只吵了一回，感觉生活可控多了。”

我说：“其实最重要的是你们的行动力，两个人有爱，就会有调整的动力。”

小靓妈妈说：“是啊，我们看到变化都很高兴。不过我们也还是有问题。比如她说话概括性比较强，有些话我就听以小靓的个性特点，她可能在与女生交流方面没有太多心得，在家庭中没有学习到如何与相对感性的人交流，与女同学的交往反过来再次影响到与妈妈的交流。

不太明白。我再问，她就嫌我唠叨。”

“嗯，这周吵的那次就是我没忍住。我妈太唠叨了。”小靓说。

我没有接话，换了话题，问小靓：“你的朋友中女孩多还是男孩多？”

小靓妈妈急急地插话：“老师，这也是我想咨询您的问题，我觉得她没什么朋友啊，这点我俩倒是像。我很着急，我想她得交些朋友，比如交点儿专业领域的朋友，这样以后工作上遇到什么事别人能帮助她。”

妈妈担心的问题一个接一个，这些问题也是“唠叨”的主要内容。说得多了，就容易引起孩子的反感。

“看，我妈又来了，天天就是这些，还急着让我相亲呢。”

“是呀，你都21岁了，还没谈朋友，万一将来，剩下了呢！”小靓妈妈说。

我笑着告诉她们，问题要一个一个来解决。

小靓说道：“也不是没有朋友，不过确实没什么女生朋友，觉得和她们说不到一块儿，她们好多人感兴趣的是网购、明星八卦那些，我没兴趣，她们也觉得我比较无聊。我更喜欢与思维快、有格局的男生聊天，我男生朋友还是有的。”

帮助来访者看到她平时忽视的地方，这是咨询师“镜子”的作用。

“嗯，所以你和你的朋友们交流，大家的思维都很快，可能也就习惯了。不过对于妈妈来说好像不太一样，妈妈和你说话会觉得有点儿费劲呢。也许你可以考虑一下妈妈的感受。”我说。

妈妈的心思还在担心孩子方面，反而忽略了这个问题是从何而来的。

“对呀，”妈妈说，“从小女同学都不和她一块儿玩，因为她要玩的话，就要制定复杂的规则，人家就觉得太麻烦了。所以她总是一个人玩，我就担心她没朋友。”

“我有朋友呀，您就别总担心了。再说了，我也没觉得经常一个人不好，反而觉得很高效呢。不过老师您刚才说要考虑下妈妈的感受，我想想也是，不是每一个人都和我一样的。”小靓说。

“妈，那我以后和你说话稍微耐心点儿。”她对妈妈说。

真是非常有悟性的一对母女。

“要相信我可以有自己的人生”

我们继续讨论刚才妈妈提到的话题，关于交友，关于相亲。妈妈渐渐明白孩子并不是自己手中的橡皮泥，想捏成什么样就能捏成什么样。对于女儿未来人生的焦虑，似乎更多是自己的一厢情愿。

“妈，我也知道你是为我好。不过你真的要相信我可以有自己的人生。咱俩都慢慢改，以后也会像别人家的母女一样吧，我不想像现在这样。”小靓的眼里有亮晶晶的东西。

“还有一点，妈妈因为种种原因，负面情绪会有些多，虽说女儿是少数可以沟通的人，但似乎让女儿来承受这些负面情绪也不太合理。我在想，也许妈妈可以试着走出去，有自己的生活，这样可能负面情绪也会少些呢。”我补充道。

人是需要社会化的，长期封闭在小圈子里，会限制很多方面的发展。当妈妈能走出去，生活中有新内容加入时，一切都会不一样。

妈妈使劲点着头。

长久以来形成的沟通模式被打破，重建新的模式中必然会出现这样那样的问题。此后这对母女的咨询重点放在调整中出现的问题的解决以及新模式的适应上。

随着咨询的进行，母女俩的关系越来越和谐。

想对父母说的话

当家庭结构发生缺失性变化时，生活在一起的两个人之间的联系就越来越紧密。这样紧密的联系，通常会让双方或某一方产生强烈的依赖感。小靓家的情况是，妈妈对小靓的依赖感超出了小靓能够接受的范围，让她不能自由呼吸。

小靓妈妈没有自己的生活，她的生活完全以孩子为中心。她一方面依赖孩子，另一方面却无视孩子的成长，试图用唠叨来管控。

孩子已经成人，可以为自己的生活做主，而不是家长手里的橡皮泥。这是一些家长容易忽略的部分。

回过头来看，通常亲子关系中也没有什么特别的大是大非。了解孩子的个性特点，发现和孩子相处的最佳方式，家长传递给孩子的爱才不会流失。

练习：你了解你的孩子吗

“我的孩子我当然了解了！”很多父母都这样说。真的是这样吗？来，看看下边这些问题你能不能回答。

- 孩子最要好的朋友是谁？
- 孩子最喜爱的老师是谁？
- 孩子最崇拜什么样的人？
- 孩子最讨厌什么样的人？
- 除家里人以外，什么人对孩子影响最大？
- 孩子最喜欢哪门课程？最不喜欢哪门课程？
- 孩子最喜欢哪一类课外读物？
- 在学校里，孩子是否感到自己被其他孩子所喜欢？
- 孩子在学校里有绰号吗？孩子怎么看这个绰号？
- 老师认为孩子的主要优缺点是什么？

- 孩子的收藏中他认为什么东西最珍贵?
- 孩子对哪些事（电影、音乐、植物、动物等）有兴趣?
- 孩子对自己做的什么事最自豪?
- 孩子最害怕什么?
- 孩子最烦恼的事是什么?
- 孩子在什么情况下会生气?
- 在什么时候孩子容易和父母对立?
- 在什么情况下孩子容易与父母沟通?
- 你认为孩子性格中最突出的优点和缺点是什么?
- 孩子长大后想干什么?

回答尽量做到既“知其然”，又“知其所以然”。当你了解到孩子这些特点后，想想看，和孩子的相处有没有需要调整的地方呢?

坐在楼下咖啡馆不愿回家的女孩

——用身边的资源帮助自己

安然妈妈的表现和别的家长不太一样，这是一个有意义的信息。

安然是妈妈陪着来的。与其他带孩子来的家长不太一样，见到我之后，妈妈对安然说：“这就没我什么事了吧，那我先走了。一会儿结束后你给我打电话。”我还没来得及说什么，安然妈妈就飞快地走了。

“他们离婚了”

安然读高三，再过几个月就要参加高考。她高高的个子，扎着马尾，眉清目秀。

我说，“你妈妈是不是有急事？我有时会邀请家长一起参与孩子的咨询，不过刚才还没来得及说话，她就走了。”

近年来，随着心理咨询越来越被人们所接受，很多孩子有了主动寻求心理咨询帮助的意愿。

安然翻了一下眼睛，说：“别理她，她就那样。”

安然说自己现在很焦虑，每天头疼。这次是央求了妈妈好几次，妈妈才帮她找的心理老师。

适时、点滴的肯定，都会起到帮助作用。在亲子沟通时也是如此。

我告诉她，能够主动寻求专业帮助，是有勇气的表现，同时请她详细说说焦虑的表现。

安然抱着头，脸上出现痛苦的表情，说道：“老师，我就是头疼，天天疼，这样晚上也睡不好，会影响到第二天上课。眼看快考试了，我这样肯定不行啊。”

我问家里人有没有带她去医院做身体检查。安然摇摇头，说："没有，只是爸爸每周带着去做一次中医按摩，目前效果还不太明显。"

我建议让家长带她去医院做检查，先看看有没有生理方面的原因，排除生理原因所致的头疼，才能踏实做心理辅导。

如果来访者有躯体症状，需要先在医院做检查，排除生理方面的因素，才可推断为心理原因。

安然撇着嘴，说："我妈肯定不会带我去的。我头疼都好久了，她一直说没事没事。"

"那就请爸爸带你去吧，听起来爸爸似乎在为帮助你做些努力呢。"我说。

"是啊，虽然我爸其他事也不怎么管我，这事倒还算上心。那成，我一会给他打个电话说一下。"安然皱着眉说。

父母离异无论怎样都会给孩子带来影响，如果能够做到，且让孩子感受到"对孩子的爱不变"这一点，也算对孩子起到安慰作用。

"哦，爸爸没在家？"我问了句。

"不是，我们不住一起。我小学时他俩离婚了，我和我妈住。"安然说。

安然平静地像说别人家的事。我说："父母是否在一起，是他们自己的选择，不管怎样，他们对你的爱是不变的。"

"哼！"安然哼了一声，"我妈这样的爱，我是越来越不懂了。"

"我妈这样的爱，我是越来越不懂了"

"越来越不懂妈妈的爱？"我问。

安然有点儿情绪："是啊，该管的不管，不该管的瞎管！我家离学校走路十几分钟，非得天天早上送我上学，晚上接我回家。谁要她接啊！"

"你就算已经高三了，妈妈还是不放心你独自上下学，每天接送看起来没什么问题哪。”我说道。

“听起来是挺好的。可是她非要开车送我，开车绕路，也省不了几分钟，而且，关键是她在车上一直和我聊天，说她单位那些破事，说她和朋友之间的事。这些事我听着烦死了！我在车里都不说话，就她一个人在那说说说，她也不嫌烦。这是在车上，回家就变了一个人，跟我说不了几句话，说了也是催我，催我这催我那，一言不合我俩就吵。她回家主要就是玩手机，偶尔早上做次饭吧，还要晒在朋友圈，让人家觉得她多贤惠似的。这真是爱我啊？我还真不觉得。”

从安然的描述中，我感觉她的妈妈并不是一个情绪稳定的人。妈妈情绪不稳定，会让孩子缺乏安全感。

安然是个爱表达的姑娘。似乎终于有了一个可以宣泄情绪的出口，她绘声绘色地讲着她和妈妈之间的交流，有时尖着嗓子，夸张地学着妈妈说话。

末了，她苦恼地对我说：“老师，我在学校一天累得要命，在家学习吧，我妈又神神道道的，我头还疼，心情也不好，学习效率根本不行。最近考试成绩下降，我平时成绩虽然不够上清华北大，但上个好点儿的一类本科应该不是问题，现在觉得自己能不能上一本都悬，您说我能不焦虑吗？”

我听着安然说话，慢慢了解到这是个优秀的姑娘，在学校社团活动中表现出色，独立生活能力也很强。

鉴于她的焦虑情绪，我们一起协商把她近期的学习计划做点儿调整，先不要安排得那么满。任务安排得满，又不能很好地完成，只会更加焦虑。

同时，我希望安然下次能和妈妈一起来咨询。

“你走！我不想见到你”

第二次咨询时，妈妈准时到了，说安然会晚到一会儿，她可以先和我谈谈。

安然的妈妈看起来很干练，说话语速很快。她告诉我，她和安然爸爸分开后的这几年，一直调整得不太好。她本身并不是一个特别会安排生活的人，在照顾孩子方面也比较粗放。她的观点是：孩子是孩子，我是我，我要有自己的生活。所以虽然她也爱安然，但她们的关系并不特别亲密。对于安然，她很自豪：“我女儿足够优秀，生活自理能力比我还强，我不担心她。这次不知道为什么非要来做心理咨询，我觉得她没什么事。”

“孩子是孩子，我是我，我要有自己的生活。”这句话看起来并没有什么问题，但是又觉得少了点儿什么。孩子在成长过程中，适度的陪伴还是很有必要，且相当重要的。随着孩子年龄的增长，可以给彼此留出更多的空间。

安然进门了，满脸不高兴，对我说：“老师，今天我想说说和我妈差点儿打起来的事，气死我了！”随即冲着妈妈说：“妈，在老师这儿，你倒是说说，你看你干的那叫什么事儿啊！”

安然妈妈有点儿尴尬，说：“是这么回事，我俩这周吵了一架。原因是她要报个提前考试的学校，之前给我说了，我觉得她可能考不上，就没理这事。她从同学那得知学校这周刚刚考过试，回家就不依不饶，和我大吵一架。我也承认这是我的问题，我没上心。可是，话又说回来，我觉得这也是她自己的事啊，也不能全怨我。”

孩子委托父母的事，对他来说都是大事。父母不在意的态度通常是冲突的导火索。

安然坐在沙发上，冷着脸听着，听到最后一句，“腾”地站起来，说：“是！这是我自己的事！我天天在学校学习，有没有时间去跑学校、准备资料、打听考试安排？你看看人家哪个考生不是家长提前帮着做好准备？你是我妈，我才向你开口的。我多久前就跟你说了？你不想管我倒是和我说一声啊！我就算学习再紧张，我也会自己去准备！你根本不知道我是多么渴望上这个学校！”

在校的未成年人就算再独立，也希望得到家长的帮助，更何况安然的这件事是超出她的能力范围的。

安然妈妈坐直了身体，放慢语速对我说：“老师，是的，这事我承认我自己主观了，忽略了孩子的感受。但我坚

“是的……但是……”这个句式，是特别容易让人产生反感的句式。安然妈妈用了这个句式来表达歉意，结果引起了安然极大的情绪反应。

持认为这是她自己的事，她可以自己去办。”

安然尖叫起来，眼泪成串地流下来。她浑身发抖，一边在咨询室里焦灼地转圈，一边指着妈妈说：“好！你有理！我走！我不做咨询了！”

我和安然妈妈都站了起来。我拉住安然，拍着她的背，好让她的情绪稍微平静一点儿。妈妈说：“还是我先走吧，你们好好谈。老师，谢谢您，希望您能帮助她。”

安然愤怒地指着门，喊道：“你走！我不想见到你！”

用身边的资源帮助自己

妈妈走了，安然哭了很久，才平静下来。她告诉我，上次咨询结束后，爸爸带她去医院做了检查，没什么问题。医生说头疼可能和焦虑有关，建议她去心理科开了药。吃了药后睡眠好一些，她刚感觉好点儿，就发现那个学校考过试了，而自己根本不知道，妈妈甚至都没给自己报名！

一方道歉，一方认为无诚意，不肯原谅。冷战就此展开，然而，冷战并不是解决问题的好办法，只是另一个层面的逃避。

妈妈的道歉在她看来并无诚意，安然特别委屈，她说这几天坚决不要妈妈接送，晚上回家就在楼下咖啡馆学习，到很晚才回家。不想回家。两个人也处于冷战状态。

那个提前招生的学校正好契合自己的特长，安然很想搏一下。没想到连机会都没抓住。焦虑再次袭来，以至于她没有办法控制面对妈妈时的情绪。

妈妈置身事外，显然没有准备在关系修复中做些什么努力。

情绪的爆发为安然找到了愤怒、委屈等负性情绪的出口。谈话要等她情绪平静下来时再进行。

安然情绪平稳下来后，我们讨论她的现状及资源。安然说：“我爸挺惦记我的，不过他还不知道考试这件事，我没告诉他。他工作忙，我不想总打扰他。”

安然还不习惯使用身边的资源。

每个人身边都会有很多的资源能够帮到自己，就看怎么用，肯不肯用。

我问安然，如果爸爸知道这事会怎么做。

“我也不知道，不过我差不多能确定他会站在我这一边的，”安然说道，“也许我可以和爸爸谈谈？我其实很久没和他认真谈过我的情况了。那天去医院我也没多说。”

我肯定了安然的想法，告诉她，一方面争取可以提供帮助的资源，另一方面，咨询中依然要努力提高自身应对焦虑情绪的能力。

“我会邀请孩子妈妈一起开个会”

第三次咨询时，安然和爸爸一起来了，我稍有点儿意外。

安然爸爸说：“女儿今天给我打电话说了情况，我才意识到孩子的困难。平时她都报喜不报忧，我自己也粗心，才发现孩子很多事都自己撑着。虽说独立能力强，但她总归还是孩子，我们做父母的还是要尽自己的义务。我觉得挺对不起孩子的，就冒昧地要求和她一起过来。”

与主动要求咨询一样，安然在困境中迈出了寻求资源帮助自己的重要一步。虽然困难，但她还是去做了。

安然不好意思地说：“老师，我还是思想斗争了很久，才下决心告诉爸爸的。我也没想到他要来。”

爸爸能来当然好。我们一起讨论了在不影响他们三人常态相处模式的情况下，爸爸能够给安然提供什么帮助。

安然爸爸幽默地说：“抗日时国共都能合作，我会邀请她妈妈一起开个会，我们现在要一起想办法，看看大家都能做些什么调整，帮助安然顺利度过这个阶段。”

我看过去，安然坐在沙发上笑了，轻松了很多。

无论是在家庭关系中，还是在各种人际关系中，清楚地表达自己的需求，对大多数人来说都不是一件容易的事。

我提醒安然，会议中要清晰地表达自己的需求，这样大家调整才有方向。

安然还希望和我继续咨询，她的情绪积压太久。父母离异时告诉她，她是同意的。那时，安然还是小学生，并不知道父母分开的真正原因，潜意识中，她认为自己是一个不招人喜欢的小孩，父母分开很大一部分是她的原因。她小心翼翼地让自己尽可能的独立，尽量不去麻烦别人，包括父母，然而隐忍的情绪却在重要的高考前夕爆发了。

从心理学角度来讲，父母离异对孩子是个创伤事件，如果能及时关注孩子的情绪，以及变化，提早帮助孩子调整，或许会避免很多问题的发生。

后续的咨询我没有再邀请安然的父母，但我能看到，父亲的介入，使得安然母女关系的冲突有了缓冲。咨询进行中，安然的笑容越来越多。

两人关系遇到僵局，第三个人的有效介入会起到调和作用。

高考成绩出来后，安然特意约了一次咨询，告诉我她考上了一所还不错的大学。

想对父母说的话

在安然的案例中，安然与妈妈的矛盾主要体现在爱与需要上。妈妈有爱，但不知道孩子的需要，或者对孩子提出的需求不够重视，过于主观。如果妈妈能和安然一起咨询，她的想法能有些改变，也许她们的亲子关系会有质的变化。安然妈妈似乎还没有准备好。

当孩子遇到困难时，无论夫妻是否在婚姻中，都需要两位家长一起努力。当然，这是理想的状态，如果其中一位家长还没有准备好，做好准备的那位可以先进行调整。

关系密切的三个人，就像齿轮啮合在一起，当其中一个有力量的齿轮转动的方向不一样了，其他齿轮也会跟着调整方向。对于孩子来说，无论父母是什么状态，重要的是对他的爱不能少。而这份爱，若是孩子真正需要的爱，那就最好不过。

练习：家庭会议

家庭会议的举行，主要目的在于讨论全体家人共同的想法、建议、困扰或愿望等，并借此机会来建立全家一起遵守的规则。

家庭会议不但可以增进亲子间的沟通，从中学会相互尊重，还可以锻炼孩子的协调能力、负责任的能力。

家庭会议要点：

•可从儿童学龄期开始（亦可视情况适当提前），每次以30分钟至1小时为宜，时间可自行调节。

•按家庭成员商定周期举行，可一周一次或两周一次。

•所有成员一律平等，可轮流担任主席，并做会议记录。

•增进沟通，重点放在全家可以做什么，而不是要求某一成员应该做什么。

•遵守会议决定。

请写下你家最近的一次会议记录（形式不限，可写可画）。

会议记录

名称：家庭第　　次会议

会议时间：________________

会议地点：________________

记录人：________________

出席人员：________________

缺席人员：________________

会议主持人：________________

主要议题：______

发言记录：______

______

______

______

会议决议：______

______

______

______

______

______

______

______

“我不上学，我要在家保护妈妈”

——疗愈有伤痕的家庭

小斌是一所重点中学的高才生，可在初一期末考试后，他跟家里说不想再去学校了，说学校讲的东西没意思，全是为考试服务的，内容太简单，没劲。开学后，老师亲自到家里来劝小斌返校，小斌也闭门不见。

孩子突然不去上学

最初的日子还好，小斌每天在家看书、学习，有时陪妈妈去买菜、散步。由于家住老城区，邻居们互相认识，平时看到小斌跟妈妈出来，就会有人问他怎么没去上学。时间长了，小斌不再喜欢出门。渐渐地，人变得懒散起来，白天动不动就睡觉，晚上则熬夜打游戏，话越来越少，脾气也越来越不好，有几回还和爸爸动了手。

这些都是小斌妈妈告诉我的。她为儿子的事发愁，一方面担心孩子的学业，更重要的是，她担心孩子这样下去会抑郁。

小斌妈妈为儿子的事约了心理咨询。她说，邻居家有个人得了抑郁症，就是成天不出门，后来都送医院了。她越想越害怕，不敢跟孩子提，只好自己先来咨询。

所有对来访者的评估都要面谈，仅根据家属反映是无法做出评估的。而对于这些先独自前来咨询的家长，帮助缓解他们的焦虑情绪，同时给予一定的心理教育，也很有必要。

仅根据妈妈的描述，我无法远程评估小斌的情况，只能侧面进行了解，这次主要还是看看能帮妈妈做点儿什么来缓解她的焦虑情绪。

“我连哭的机会都没有”

小斌的妈妈看起来很朴实，她说自己当年招工进厂，后来孩子出生后就一直在家做全职妈妈，所以孩子和她特别亲。小斌爸爸是20世纪80年代的大学生，人非常聪明，就是脾气不太好。去年厂里效益不好，他所在的部门工作量不饱和，就赋闲在家。

小斌妈妈哭起来，说：“我的命怎么这么苦，他爸爸天天待在家，给我脸色看也就算了，这下又多了个孩子。我文化程度不高，也做不了别的，只好每天换花样给他俩做好吃的，可是也没啥用。幸亏最近他爸爸有时去单位，不然家里就闹翻天了。”

全职妈妈本就是世界上最辛苦的“职业”，不一定能得到理解。如果加上老公赋闲在家，那就更可能出现家庭矛盾了。

“家里有一个不上学的孩子，一个工作状况不理想的老公，你作为家里的女主人，真是不容易啊！”我说道。

小斌妈妈哭得更厉害了。她的眼泪像断线的珠子一样流下来，她从自己的包里找出纸巾，用了一张又一张擦拭眼泪。

哭了一会儿，她慢慢平静下来，抬起头看着我，说：“老师，谢谢你理解我。我家的情况，嫌丢人，不好意思跟别人说。我是连哭的机会都没有啊。”她突然停下来，看着眼前的废纸篓，说：“看我，制造了这么多垃圾，太不好意思了，我一会儿出门时帮您带走。”

咨询室每天有那么多来访者来咨询，主动提出倒垃圾的也有，但不多见。

我连忙说："不用不用，我们有人收拾这些的，谢谢你。"

她又急急地说："哎呀，真是不好意思。我这没忍住，哭了半天，您都听累了吧，您快喝点儿水。"

从这些细节可以看出，这是一个很习惯照顾别人的妈妈。这样的女性往往容易在对别人无微不至地照顾中失去自我。

我笑了笑，表达了感谢，对她说："你在家就是这么无微不至地照顾他们爷儿俩的吧。"

小斌妈妈点点头说："对，是无微不至。我爱干活，家里能做的事我都做了。"

"单就这点来说，他俩真幸福。"我说。

"是——吧——"小斌妈妈说这话时，有点儿停顿和犹豫。

我特意强调"单就这点来说"，小斌妈妈依然不能肯定回应。似乎她对自己在家里的贡献并不那么确定。

每个家庭都有自己的秘密，我在小斌妈妈的神态中，嗅到了家庭秘密的味道。

看她不自然起来，我转换话题，了解小斌在家的具体表现。

小斌妈妈说，孩子现在话少，有时高兴了能多说几句。也不敢问他这么下去有什么打算，一问就翻脸。她找同学来劝小斌，但小斌就是避而不见。不过他似乎也在想办法，有一天说想出去打工。后来了解到年龄不够，没法打工，就没再说了。最近小斌又在研究各种发明，提起发明来他还是挺开心的。

从妈妈的描述中，似乎看不到小斌有抑郁症的明显表现。我提议还是想办法带孩子来，我见到人才好做评估。

小斌妈妈说："老师，我们孩子喜欢和有学问的人打交道，我不说来做心理咨询，怕他反感，不来。我能告诉他是来找您聊聊天吗？"

"没问题的，我的评估确实也就是在谈话过程中进行的，不会那么严肃。”我笑着说。

“我要在家保护我妈”

小斌在三天以后跟着妈妈来到咨询室。他身高已经有一米七左右，头发有点儿长，杂乱地贴着头皮。

小斌和想象中大相径庭，看起来很开朗。进门后，他有礼貌地和我打了招呼，就迫不及待地说：“我妈说你很有学问，我考考你吧。”

他拿出一张纸，上边画满了格子和各种符号，高声地说这是他的数学发现。

我耐心地和他“周旋”，努力不露痕迹地把话题从数学上慢慢引开，不经意地渗透一些关于未来的话题进去。虽然对于我没有答出他的数学题，他有点儿小小的不满，但很快小斌就认真地和我交流起来。

不能轻易打击少年的“发明”或“发现”，这样的好奇心是非常宝贵的。

我们谈天说地，我发现小斌并不是不想上学，而是他有自己对知识的想法。这是个科学型的少年，很有天赋，只是缺乏一些正面的、有质量的引导。

时间差不多了，小斌恋恋不舍地说：“老师，我以后还能和你聊天吗？和你说话真有意思，比我在家有意思多了。”

我趁势说：“其实学校也很有意思呀，你的那些想法也可以和老师好好讨论讨论，他们应该会帮到你。”

小斌在放松状态下，在对咨询师不设防时，不经意地说出了他的心里话。

“不行，我不能去上学，我要在家保护我妈！”小斌脱口而出的这句话，震惊了我和他妈妈。

我想我猜到了这个家庭的秘密。

“保护妈妈？”我很快问了句。

“嗯，我爸打我妈。”小斌说。

我下意识看向小斌妈妈，她的身体像触电般抖了一下，然后飞快地打断小斌："这孩子，这就是你不上学的理由？这算什么理由？你怎么不早说？再说了，我和你爸那是大人之间的事，你一小孩，管那么多干吗？走走，咱们赶紧走，别耽误老师时间。"

小斌不服气地说："在家说了有什么用？他能听我的？还是我在家里看着他最放心。"

"走吧走吧。"妈妈推着小斌往外走，一边给我使眼色。

过了一小会儿，小斌妈妈借口东西忘在咨询室，匆匆回来告诉我，这两天她会打电话到咨询室再约时间，然后逃一般地走了。

直指人心的家庭雕塑

小斌妈妈再打电话过来时，我让助理告诉她，如果可以，下次和小斌爸爸一起过来。

到了约定的时间，两个人如约前来。

小斌爸爸是典型的北方男人的长相，不过看起来有些颓废，他有些不好意思地说："我怎么也没想到孩子不上学是因为我和他妈妈的关系。本来这是家务事，在老家，这样的事多的是。没想到我们还得因为孩子来解决这个问题。"

小斌妈妈说，"那天从您这儿走了之后，我仔细问了问孩子，他说有一次他放学回家，看到我胳膊青了一大块儿，问我，我说自己碰的，他不信。后来他发现如果他在家，他爸就只是吼一吼，踢个桌子凳子，他要不在家，我身上有时就有伤。所以他就决定不上学了。"妈妈说着又哭起来。

小斌爸爸说："哭啥哭，咱这是来解决问题的，你哭能解决啥问题？"

小斌妈妈连忙擦了擦眼泪，调整了一下坐姿。

夫妻二人在家时的关系模式已经呈现出来，一个训斥，一个逆来顺受，是常态了。

我们再交流，我发现小斌爸爸总是在呵斥。看得出，小斌爸爸已经因为在外人面前很克制了，而小斌妈妈则是一副逆来顺受的样子。

我邀请他们站起来，请他们按我的示范来摆家庭雕塑。

我单膝跪地，头向上扬，双手一前一后向前举，眼睛看着上方。我示意小斌妈妈模仿我的姿势来做。

我请小斌爸爸站起来，单手叉腰，另一只手向下，指向下方单膝跪地的爱人，看着她。

我告诉他们，这两个姿势，一个是指责，一个是讨好。我问他们在家是不是这样，两个人一起点了点头。

我请他们以雕塑的形态保持这样的姿势不动。

只一小会儿，小斌爸爸的目光开始挪走，头微微偏了一点儿，他不再看他爱人，我让他看着妻子，坚持几分钟。后边的几分钟，他不断地把头别开。

而小斌的妈妈早已泣不成声。她晃了一下，我伸手扶住了她。

咨询室里一片寂静。

我请他们互换姿势。

这次小斌妈妈做出指责的姿势，她的手臂一直在晃，无法完成动作。

小斌爸爸单膝跪地，双手向上伸。我看到他的眼神开始闪烁，我轻轻地说："坚持一会儿。"

他的眼里有光在闪，我看到他的身体开始晃，还没来得及去扶，他已经跌坐在地上，抱着头，开始呜咽。

过了半晌，我轻轻地问小斌妈妈，刚才做雕塑时有什么感受。

小斌妈妈流着泪说："累，我好累。我知道我文化低，配不上他这个大学生，他瞧不起我，我尽心尽力地为家里操劳，尽心尽力地照顾他。我真的是在讨好他，可是这些都打动不了他。我在家里，就像佣人一样，被他喝来喊去。"

"唉！"从小斌爸爸那里传来一声长叹，他低着头，慢慢地开口道，"我刚才做'讨好'那个姿势时，很辛苦，心里难受得厉害。我因为一直觉得怀才不遇，婚姻上也没找到一个志同道合的人，再加上单位不景气，在家就特别爱发脾气。我是从农村考出来的，在我们老家，打媳妇是常事，我不高兴就吼几句，急了有时就动手。可是我从来也没想过总是这样对她，她也会受不了。那样低人一等的讨好，身心都累，我从来没想过。"

我提示他，可以面对自己的爱人说这些。

这个男人抬起头，满脸泪痕。他对妻子说："我也不是坏人，平常那些指责我好像都没有经过大脑，刚才在做'指责'姿势时，我别扭得做不下去，我真的不是坏人。"

"我在家什么活都不干，身在福中不知福。前几年我也想到过离婚，但是又想想，这世上有几个人能像你这样对我呢？可是我越这么想，越觉得我对你做的都是理所当然的，我真浑啊！我给你赔不是。"小斌爸爸"腾"地站起来，站在小斌妈妈面前，深深地鞠了一躬。

小斌妈妈手足无措地看着我。我问她："你愿意接受你爱人的道歉吗？"

"愿意，我愿意。"她哭着说。

这是家庭治疗大师萨提亚开创的"家庭雕塑技术"，以略显夸张的身体姿态来表现出沟通模式。这样的体验，通常特别能够直指人的内心。

小斌妈妈起身扶起丈夫，两人抱头痛哭。

“当面向他们娘儿俩道歉”

家庭雕塑的巨大冲击过后，两人平静下来，我告诉他们，目前看，小斌只是情绪有些低落，也许和在家待的时间长了有关，如果有可能，还是要努力说服他返回学校。

孩子看到妈妈受到的不公平待遇，又没有足够的能力来阻止父亲，他会用他自己的方式来应对。

当然，最好的说服方式就是夫妻关系的改善。确切地说，就是不能再出现爸爸动手打妈妈的事情。小斌爸爸连连点头，说：“孩子都用这个方法逼我改了，我肯定要改！”

随后，我们一起讨论了他们夫妻间可以调整的部分，鼓励他们努力找到一些共同话题。对于小斌爸爸来说，还有一个很重要的任务，那就是学习情绪控制以及与孩子耐心地沟通。小斌爸爸说，其实他知道孩子聪明，也很想和孩子交流，可是孩子很烦他，所以没法沟通。

孩子是不会无缘无故烦父母的。孩子烦父母，父母要试着找原因，看看究竟发生了什么让孩子这么烦自己。

我问他：“那你以后打算怎么办呢？”

他想了想，说：“我决定今天回去当面向他们娘儿俩道歉，请他们看我的行动，我说到做到！”

我提示他，可以多安排一些三个人一起的活动，让孩子真的感受到父母关系的变化，让他安心去上学。

小斌妈妈后来一直没有说话。只是走的时候，拉着我的手，不断地说“谢谢”。

一个多月后，小斌妈妈又约了咨询。她说，现在全家人都在调整，随着家人关系的改善，孩子的笑脸越来越多。现在小斌和爸爸关系变得很好，经常因为一道难题和爸爸讨论得难解难分，两个人还一起讨论时事政治，像朋友一样，这在以前她是想也不敢想的。小斌说，他要再观察观察，下学期去上学。

而她自己，也在试着一点点建立在爱人面前的自信。

想对父母说的话

小斌宁愿牺牲学业，也要在家保护妈妈不受伤害。

这是一个有伤痕的家庭。

小斌不上学，问题的核心并不在于他。孩子只是用看似极端的方式想努力为家庭疗伤。

每一个家庭都有自己的故事，故事当然会有不同的发展，有不同的结局。

用心经营家庭，体验亲人感受，尊重每一个个体。只要家庭还在，故事还在继续，一切的努力都来得及。

练习：沟通模式自测

美国著名家庭治疗大师萨提亚提出了沟通的五种模式：指责型、讨好型、超理智型、打岔型、表里一致型。

- 讨好型。通常会说：“都是我的错。”“你喜欢怎么样？”“没事没事，你喜欢就好。”
- 指责型。通常会说：“都是你的错！”“你到底在搞什么？”“你从来都没做对过！”
- 超理智型。理论先行，语言总是客观的、引述规条和抽象的想法，很少涉及与人有关的感受，通常会说：“人一定是要讲逻辑的。”“一切都应该是有科学依据的。”
- 打岔型：言语常漫无主题，抓不到重点，东拉西扯。通常会说：“我自己也搞不清。”

•表里一致型：语言中带有感受，可以表达自己的期待、愿望、不喜欢，愿意聆听别人，以开放的状态与人讨论。

前四种沟通姿态都是不良的沟通，第五种是我们提倡的。

想想看，你与家人，尤其是与伴侣之间的沟通是以哪种模式为主呢？可以分别写下来（以事实为基础，举例说明），大家一起讨论，如果有问题，争取能有所调整。

我们的沟通模式：________________

举例说明：

①________________

②________________

③________________

识破爸妈“秀恩爱”

——夫妻感情出了问题，对孩子的爱不会改变

王女士带着六年级的女儿小燕来做心理辅导。学校的老师说孩子最近情绪不大对，原来挺活泼开朗的，现在在学校不怎么说话，下课也不和好朋友一起玩了，问她就说没事。老师很担心孩子的状况，希望家长带孩子做心理辅导。

学生在学校时间长，有些状况并不会在家里表现出来，认真负责的老师会注意到学生的表现。因此，家校合作是非常重要的。

王女士说，孩子在家表现倒还正常，也不知道是不是同学间发生什么事了，问不出来。

我请王女士在外等候，我要和小燕单独谈谈。

“老师，你要替我保密”

小燕扎着马尾，眼睛看起来很机灵。进了咨询室，看到沙盘，她马上很内行地说：“老师，这个我认得，这是沙盘，我们学校有。”

“哦，看来你去过你们学校的心理辅导室啊，感觉怎么样？”我问道。

“觉得挺有意思的。我们心理老师也挺好，不过——”小燕停顿了一下。

我探询地看着她。

“学校心理老师认得我们老师，还认得很多同学，我不愿意跟她说心里话，怕传出去。”小燕说。

“心理老师都会遵守保密原则的，我也一样。”我笑着对她说。

“那还是不要找她，万一她哪天不小心说漏嘴呢，学校那么多人。我愿意在你这里说，反正我们也不认识。”小燕说。

“谢谢你对我的信任。我保证做好保密工作。不过，一般家长带孩子来都会比较好奇孩子跟咨询老师说了些什么，一会儿咱们的谈话哪些可以和家长提，哪些不能说，你要告诉我哦。”我说。

“好，击掌为定！”小燕伸出右手。我俩认真地击了一下掌。

“我爸有外遇”

守秘密是很辛苦的事。小燕只是个孩子，要守住这样天大的秘密，实在太不容易。她也希望能在安全的环境下表达出来。

小燕一副自来熟的样子，坐在沙发上，晃着腿说：“其实我在学校确实也没什么大事，就是和朋友间发生点儿小事情。不过，我觉得那个不是太重要，可以一会儿再说！”

说着，她突然从沙发上出溜下来，蹲在我面前，特别小声地说：“老师，告诉你个秘密，我爸有外遇啦。”

“哎呀，这可是个大秘密，谢谢你这么信任我。你是怎么知道这个秘密的呢？”我问小燕。

“前段时间，我发现我妈总偷偷哭。后来有一天，她的闺密们来我家，她们关上门在卧室聊天，不让我听。我悄悄听了几句就明白了。这能瞒住我？我还是很聪明的！”小燕有些得意地说。

“那现在的情况是，你已经知道了，爸爸妈妈还瞒着你。”我说道。

孩子的嗅觉是很灵敏的，家长以为能瞒住孩子，其实孩子只是不愿意说而已。

小燕坐回沙发上，声音有了些情绪：“当我傻子呢！两个人还在我面前秀恩爱，演戏给我看！太假了！这演技太渣了！我都不想理他们，当然我也不戳穿，演呗，使劲演！”

“哦，那你是怎么看他俩的事呢？”我问小燕。

“过不下去就离吧，我跟我妈。我爸天天那么忙，和我也说不了几句话，我可不跟他。”小燕很老到地说。

小燕的冷静似乎超出了她的年龄。

“小燕，现在看起来你好像已经平静地做出选择了，当然，这是万不得已时的选择。通常孩子们知道父母的婚姻可能出现变故，都会很惊慌，害怕他们分开。”我说道。

“其实吧，我也慌了几天。那几天我心里特别烦，但我能装，我妈啥也没看出来。她都那么难受了，我也不想让她替我操心。”小燕吸了一下鼻子，说，“有一天，我实在忍不住，就跟我好朋友说了。我好朋友就叫她小A吧。我说我爸妈可能要离婚。小A说，这有什么，她爸妈一年前就离婚了，她也没觉得有什么不好。她说，天天看他俩吵吵闹闹，还不如分开清静。小A跟我说，别怕，有她在，我们好朋友会一直在一起。我才知道她家也这样。不过之前她一直没有说。我俩相约互相保守秘密，互相做伴。这样我慢慢就不太难受了。”

家里出了变故，有同病相怜的朋友支持自己，再加上小燕性格本身比较开朗，这样看起来这个孩子的情况还不太糟。

“可是老师，你说他们为什么就不能告诉我真相呢？这样一家三口都在互相隐瞒，我觉得我也在演，我们的生活特别不真实。我在家还装得跟平时一样，在学校就觉得累，不想说话。刚好我喜欢的那个男生他又不喜欢我，我就跟小A说我想静一静，她很理解我，也不死乞白赖地叫我一起玩。”小燕说着，突然笑了一下，“学校的老师和我爸妈都不知道我怎么了，你说这理由能跟他们说吗？”

我俩都乐了。

“父母离婚对我没影响”

我说：“爸爸妈妈不告诉你，也许他们还没有想好怎么应对这件事情，这是很棘手的事。通常情况下，这样的事他们更不愿意把孩子卷进来。其实，我们都是局外人，不知道他们之间真正发生了什么呢，情感的事是很复杂的呀，也不知道你能理解吗？”

小燕想了一下，说：“对呀，我现在都体会到情感的复杂性了，哈哈哈。”

小燕的回答在成人听起来是有些意外的。很多时候，我们无法用成人的眼光来看儿童的世界。

我看小燕的笑，不像伪装。又接着问了一句：“那你说说看，那个男生不喜欢你和你家的事相比起来，你觉得哪个对你影响更大？”

“我觉得那个男生不喜欢我影响更大，我发现他并没有喜欢别人，我还是有机会的，我要努力！”小燕的回答让我百感交集。

很多想要离异的夫妻，为了孩子，都选择“凑合”。他们常说的一句话：“要不是为了孩子，我们早离婚了！”看起来是要给孩子一个完整的家。但实际情况是，很多孩子早就清楚了父母的貌合神离。在我的咨询中，很多孩子都不希望看到这种假象，他们更希望父母能够真实些，甚至还有孩子希望父母能够各自找到自己的幸福。

她继续说：“至于我爸妈这边，我好朋友小A是过来人，她有经验，她说虽然爸妈不生活在一起，但好像分开后给她的爱还多了呢，原先两人光忙着吵架，现在居然对她都很上心。反正现在我们都十几岁了，不需要摆出一家三口一起很开心的样子了。我认为小A说得非常对。刚才我也跟您说了，我爸特忙，我有时好几天才能见他一次，要这么看，对我来说，他俩离不离婚对我都没太大影响。”

很难想象，这番逻辑清晰、表达沉稳的话出自一个小学六年级学生之口。

“你说得很清晰，那我就放心了。那么你现在有需要老师帮忙的地方吗？”我问小燕。

“有的，老师，”小燕说，“我想请您帮我分析分析，我怎样才能让那个男生喜欢上我。”

小燕告诉我那个男生的信息，我当然没有办法帮助她让那个男生喜欢她，但我告诉她，让自己变得很优秀，赢得别人喜欢的概率会大很多。这个优秀，当然包括各个方面。

评估小燕的状况后，我想我和小燕讨论的重点可能真的不在父母关系这里。由于一家三口本身的黏度不够大，这个孩子，她有自己的应对方式和能力。我倒不太担心她。

我们慢慢谈，谈怎样做才能更优秀，小燕突然说：“那我要好好努力，我都那么优秀了，也说不定就不喜欢他了呢。”

“对的，你要更优秀了，你的视野会更宽。”我说。

换了角度看问题，有时会让“坏事情”变成“好事情”。

“我希望家里所有人都幸福”

小燕自己没有问题了，倒是催促我帮助帮助她妈妈，她说自己不希望看到妈妈那么痛苦。

我说：“可是我答应你不告诉妈妈你知道了他们的事。”

小燕想了一下，大度地说：“其实也没什么，要不你就告诉她吧，别让她天天装得那么累了。就说一下我知道了，其他的不用告诉她。”

我自然应允。

得知女儿并没什么状况，妈妈很高兴。但当她知道女儿早已对家中的事心知肚明时，深感意外，那一刻，她的眼泪奔涌而出。

“我只当她是小孩子，没想到她想事情想得这么清楚。”小燕妈妈流着泪说，“我和她爸爸的事很复杂，我一直在犹豫要不要和他分开，犹豫的最主要原因就是孩子。因为有孩子，我要想得更多，我会想到将来她要找男朋友，人家家里嫌弃她怎么办。所以我又想忍着，忍到将来孩子结婚了我再离。可是一想，到那时我都50多岁了，我真的要把我的大好时光这么浪费掉吗？我自己天天在家瞎想，又想要不然等她上大学了离也成，反正只有6年了。”

可怜天下父母心。

小燕妈妈说了自己的想法，问我：“老师，那您说我这种情况怎么办好呢？”

本次咨询的来访者是小燕，我们要应对的是小燕的问题。而妈妈自己的事，不掺杂在一起进行咨询，要再约时间。

我告诉她，到底要不要分开，那是他们夫妻间的事，咨询师不会替她做决定。不过，如果需要帮助的话，可以约别的时间咨询。

我说：“今天，我们最大的收获是知道了孩子的想法。小燕性格开朗，又不失细腻，这点非常好。如果她性格敏感的话，可能我们要考虑的就比较多了。现在看来，她对于你们在一起还是分开已经有了自己的应对方案。她说，无论怎样，她希望大家都幸福。”

小燕妈妈本来已经止住的眼泪又流了下来。她说：“看来我得找个时间和孩子像大人一样好好谈谈了。我的孩子这么好，我太感动了！”

“是的，有时候孩子已经不知不觉长大，家长却还当他们是什么也不懂的小孩子。”我说，“小燕的想法当然会减轻你们的心理负担，不过我更想说的是，如果父母只是为了孩子而佯装和睦的话，孩子也是会感受到的。没有任何一种理论可以证明单亲家庭的孩子一定会有心理问题。即使你们夫妻最终分开，也要明确告诉孩子，是你们的感情出了问题，不适合生活在一起，和孩子无关。即使你们分开了，对孩子的爱依然不会改变。”

“我想，孩子心理是否健康，重要的是她自己的调节能力、她所得到的爱，以及健康的成长环境。”我做了结语。

小燕妈妈点点头，说：“我懂了。”

想对父母说的话

小燕的妈妈对于婚姻的态度，代表了一种中国式父母的典型态度。他们为了不影响孩子，宁愿自己在婚姻中凑合。殊不知，很多时候，孩子早已嗅到了味道。就像我在咨询中说到的那样，即使夫妻最终分开，也要明确告诉孩子，是夫妻间的感情出了问题，不适合生活在一起，和孩子无关。即使大家不在一起生活，父母对孩子的爱依然不会改变。

果真都能如此，世间就不会有那么多陪父母一起辛苦演戏，甚至会对婚姻本身有所疑惑的孩子了。

现在，大多数孩子已经能从学校、社会获得很多生活经验，心智上的成熟程度可能已经超过了父母的预料。在家庭出现问题时，父母们可以适当地让孩子参与到家庭事务中，尊重他们的感受和想法，这样不但对解决家庭问题有帮助，对孩子的心智成长也会有所帮助。

练习：家庭关系小测试

拿出一张纸，静下心来，用一个圆圈来代表一个家人（每个圆圈可大可小），在纸上画出每个圆圈间的距离，这个距离可以远，可以近，可以套在一起……总之可以是你想要的任何位置。

画完再看下边的提示哦。

- 你画的第一个圆圈通常代表你最在意的人。
- 圆圈与圆圈间的距离表明了你的家人之间的距离。

看看你的图，你画的第一个圆圈是谁？你画出来的家人间的关系怎样？不知道这样的呈现会不会对你有所启发呢？

第4章

爱、期待与伤害

“我想住在医院边上”

——家族压力下的惊恐发作

读高一的小北是班主任老师陪着来的。小北的情况有点儿特殊，他是父母在外地的北京孩子。

父母在外地的北京孩子

小北的父母大学毕业后留京工作，小北出生没多久，家乡有个非常好的创业机会，两人辞去工作回去创业。小北从小在老家上学，直到初中毕业。

这些年小北家的生意做得风生水起。到了读高中的时候，家人安排小北回到北京上学。小北有个小他5岁的妹妹，妈妈走不开，请一位住家保姆来照顾小北的生活。

高一眼看就要度过，临近期末，小北却状况频发。一天在学校突然说难受，脸色惨白，呼吸急促，送到医院急诊，当时检查血压有点儿高，不过很快恢复正常，没有检查出其他器质性病变。前天又出现类似情况，经过检查还是没有任何问题。小北的班主任不知道这种情况是不是和心理问题有关，征求小北意见，看看他是否愿意找心理咨询师，小北非常爽快地答应了。

小北是未成年人，咨询须由成人陪同。助理在电话中将这一规定告诉了班主任老师，于是小北请老师陪他前来。

“孩子是在没事找事”

小北是个小帅哥，白白净净，很有礼貌。刚一坐定，他就急着开口，给我讲述他的症状表现。他语速很快，腿在一直抖动，有明显的焦虑情绪。等他说了一小会儿后，我请他稍微说慢一点儿，他听话地放慢了语速。

放慢语速，会稍微减轻点儿焦虑感。

小北说到两次去急诊时，我问：“当时觉得难受时，有快要死了的感觉吗？”小北一拍大腿：“对对！老师，胸闷、上不来气，觉得快要死了，两次都这样。”

结合小北的焦虑表现，以及这个“濒死感”，我评估他当时很可能是惊恐发作。由于精神类疾病的诊断不属于心理咨询师的工作范围，我建议他去精神类专科医院进行诊断。

惊恐发作

惊恐发作指急性焦虑发作，是一种精神类的疾病。患者会有一种突如其来的惊恐体验，表现为严重的窒息感、濒死感和精神失控感。作为咨询师，我只是起到评估作用，具体诊断还需要精神类专科医院做出。

通常而言，人们对去精神类专科医院会有些抵触，让我有点儿意外的是，小北说他可以接受，因为他将来想学医，平时会有些零散的知识储备，知道去精神类专科医院并不是因为自己“疯了”。

小北有着超乎他年龄的见识，他希望能和我谈谈他的整体情况，从心理层面获得一些帮助。

小北告诉我，他最近和家里人，主要是父亲有些矛盾，父亲这些年做生意也不容易，所以决意让小北将来考公务员。而小北在北京待了快一年了，看到周围有同学学英语准备出国，也想出去读书，假期打算开始报班学英语。小北的志向是当一名医生，并非公务员。小北畅想自己未来在国外的生活时，人明显放松。可是说到父亲的期望，又不由剧烈地抖起腿来。

精神类疾病病因不明，目前治疗需从生理、心理、社会三个维度来考虑。生理方面，指的是遗传因素等的影响。心理方面，指人格特点等方面。社会层面，则是指相关社会因素的影响。

小北性格细腻，遇事想得多。这件事和父亲达不成共识，让他很苦恼。

而父亲在知道他这几次身体状况时，刚开始很紧张，当得知后来每次去急诊都没有查出什么问题时，就不耐烦了，电话里大声呵斥了小北，甚至说他“没事找事”。

小北在北京生活优越，学校适应良好，看起来并没有多大问题。如果天气好，他每天放学后会去附近的公园慢走，他说，反正那个阿姨不爱说话，“家”里没人说话，不如在外边走走。然后回家吃饭、写作业，和同学在网上聊聊天。

父母不在身边，在北京的“家”孤立无援的小北，被自己的焦虑所折磨。

可是最近小北不敢去公园了，他怕自己像前几次一样，突然发病，他怕边上没有人，耽误了去医院的时间。晚上睡不着，担心睡着会睡过去，再也醒不过来。在家里都时时攥着手机。他说，怕自己在家突然发病，拿着手机的话还能挣扎着给妈妈打电话，不然去医院都没人付费。

小北说：“老师，我现在恨不得住在医院边上，我觉得那样就很安全了，一有事就能赶快去医院。”

“会有生命危险吗”

我看到小北的紧张和害怕。

我问小北：“有没有请家里人过来陪你一段时间？”

小北摇摇头，说：“没敢说，只说了身体情况，就被爸爸骂了一通。估计要等暑假妈妈才会来，妹妹还没放假。我家是爸爸主外，妈妈主内，妈妈负责我和妹妹的生活。”

小北有明显的焦虑情绪，应对焦虑最好的办法是放松。我引导他做了冥想放松，让他回去后如果难受，就练习放松，尤其是睡觉前，让自己的身体完全放松下来。虽然做起来没那么容易，但还是要努力去做。

另外，我告诉他，他的这几次“发病”，以我的经验来看，是不会有生命危险的。所以万一这一周内还有类似情况发生，也不用过于担心，可以试着让自己放松一点儿，通常过一会儿就好了。平时还是可以到公园走走的，如果紧张，就让家里的保姆陪着。

小北是个敏感的孩子，对于这样的孩子，如果得到他的信任，给他一些让他放松的暗示是比较有用的。

小北将信将疑地看着我说：“老师，我怕死啊，你说不会有生命危险吧？”

“以你的症状来看，基本上是不会的。不过你还是要到专科医院去看一下，医生建议服药的话要听医生的话，药物主要是改善症状，同时我们再配合心理咨询，这样就全方位应对了。”我告诉他整体解决方向，尽可能地让他安心点儿。

孩子遇到问题，各方合力应对总是好的。

咨询结束后，在外边等候的班主任老师询问我是否要请小北的家长过来，学校也很担心孩子的状况，希望最好能有监护人陪伴。我告诉她，如果学校出面请家长来京，估计对小北的好转很有帮助。

“我不信爸爸会后悔”

第二次咨询时，小北和妈妈一起来了。

接到学校的电话，妈妈很快飞过来，陪小北去看了病，这几天一直陪在小北身边。

医院确诊小北为惊恐发作，也就是急性焦虑发作，医生建议他边服药边做心理咨询。得到这个诊断，小北倒有些轻松。他说在网上查过了，这个病虽然比较麻烦，但是还不至于猝死。

这周情况比较好，也许是妈妈来了，小北睡眠好了一些。

家人的支持在此时极为重要。

他说睡不着的时候有妈妈陪着说话，感觉好很多。这期间也有过几次心悸、出汗，想到我上次说的话，在床上躺了会，尽量放松身体，再加上有妈妈在，一会儿难受劲就过去了，没到去医院的程度。

小北妈妈再次询问我“惊恐发作”是不是精神病，不然为什么要去精神类专科医院，这病要多久才能好。

我向她做了知识普及，告诉她“惊恐发作”是精神类疾病的一种，不同于民间所说的精神病，并不会对别人有伤害。此外，关于多久才能好，这和很多因素有关，所以一方面要遵医嘱服药，不可随意停药、减药，同时要配合心理咨询，以及家长、学校配合等。

以我的判断，小北的焦虑可能和最近与父亲的矛盾以及他的性格有关。

小北妈妈听到这里，开始抹眼泪。她说：“他爸爸是一心想让孩子将来走仕途，我们那边确实有这样的情况，很多人家里做生意，但都希望孩子将来能是公职人员。我也没觉得有什么不好，再说我家里这些大事情是他爸爸一个人说了算的，没想到孩子会这样。”

小北妈妈继续说：“在电话里孩子说了几回他的想法，他爸爸坚决不同意，父子俩后来还吵起来了。”

小北听到这里，说道：“哎呀，别说他了，提他我就来气！”

小北妈妈说：“前几次孩子身体不舒服打电话，我很着急，其实爸爸也着急。可是后来没事了，他就说我平时太惯着孩子了。”

“我想了想，觉得也是，我确实特别在意他们兄妹俩。小北挺争气，学习也好，很让人省心。这些年，只要他想做的事情都能让他去做。当然，他也不是干坏事的孩子。”妈妈补充道，“刚开始爸爸说他这样就是他要达到自己的目的，没病找病，要挟我们。医院有诊断后，爸爸有点儿后悔了。”

人们在不了解精神类疾病发病状况时，产生误会也是可以理解的。

“我爸那么说一不二的人，后悔？我不信！”小北说。

“你爸爸其实很疼你的，一直对你寄予厚望，希望你将来能有出息。”妈妈说。

“爸爸也许并不太擅长表达自己对孩子的爱。”我说道。

“对对对！”妈妈赶紧说，“他爸爸脾气暴，在公司管人管惯了，在家也一样，说话也是呼来喝去。而且他太忙了，孩子们主要是我来照顾，所以孩子们也体会不到他的爱。像小北，上次他爸爸一急说了难听的话，这几天爸爸来电话都不接。”

父母在家中要注意自己角色的转换，家人并不是自己的员工，把自己的职业角色带到家中，会妨碍亲子之间的顺畅沟通。

小北嘟囔了一句：“我也不敢接啊，骂得那么狠，好像我将来不考公务员就是不孝顺，还拿家里的长孙责任来压我。”

“你爸这人思想是有点儿传统，那不也是你爷爷的希望嘛，你又是长房长孙，你爸爸也是听他爸爸的。”小北妈妈说道。

“他听他爸爸的，我就得听我爸爸的啊？他是他我是我，我不想过家长安排的那种生活。”小北很不满。

我明白了小北的境况，他面对的岂止是来自父亲的压力，更是来自家族的压力！这些有形无形的压力，“压”出了本来思虑就很多的小北的症状。

孩子健健康康最好

妈妈摇摇头，并不想继续家族相关的话题，依然说着爸爸："其实你爸爸很担心你，天天打好几个电话给我，问东问西。"

"那他有没有说不让我以后考公务员了？"小北眼睛一亮，问道。

"哪顾得上说这个，都惦记你的病了。"妈妈说，"你别急，咱们慢慢做他工作，妈妈这次站在你这边。我这几天看你难受的时候，就想，孩子健健康康最好，父母不能按自己的意思给孩子画那么多道道。"

不只是身体健康，身心健康都要重视。

我对小北的妈妈竖起大拇指。

鉴于小北的情况，我提醒妈妈，如果可以，要陪伴小北一段时间，让他慢慢恢复。

此后，妈妈一直陪伴小北到放假。假期开始后，他们出去旅行了一段时间。回到北京后，又报了暑期辅导班，开始学英语。

对于一个高一独自在外的中学生，有一个可信任的成人进行交流是弥足珍贵的。

小北单独做了几次咨询，他很喜欢和我谈话。

我们在轻松的气氛中做着咨询，根据他的性格，探索帮助他宣泄情绪的有效渠道；请他接纳自己偶尔的"发病"，以及帮助他解决成长中的其他小问题。

等到暑期英语班上了几次课后，小北很快有了班里的朋友，生活忙碌起来，中间只发作了一次，难受的次数越来越少了。

临近开学，我又给母子俩做了两次咨询，因为妹妹还在老家上学，开学后妈妈要回老家照顾妹妹。我要帮助小北和妈妈慢慢适应分离的情绪，逐步减轻小北对妈妈的依赖。

咨询整体结束时，小北的症状已经好长时间没有发作了，而且他知道了一旦发作如何应对。彼时的他，正在全力以赴学英语，准备去国外读书。

想对父母说的话

惊恐发作是焦虑症的一种，表现比较剧烈，“来得快去得也快”，但由于有濒死感，容易给人很大的冲击。

精神类疾病虽然病因不明朗，但依然是有据可循的。

小北呈现的问题，固然和他思虑很重的性格有关，但很大一部分原因还是来自于家庭，甚至来自隐性的家族压力。当这股力量强大的压力压过来时，小北扛不住了。

症状是孩子求助的信号。他用症状来表示他的难以为继。当然，这些都是潜意识层面的。事实是，小北自己也无法控制自己的症状。

这是遵循传统家长制作风的父母始料未及的。

这个时代的年轻人，他们见多识广，有自己的想法，有自己的追求。为人父母者，自然需要时刻调整自己的步伐。步调一致，大家才不会出问题。

练习：家族期望

每个家族都对后辈有着这样或那样的期望。静下心来想想，你对孩子的期望是什么，根据自己的情况，将以下家族期望进行排序：

- 健康
- 平安
- 幸福快乐
- 家庭美满

•学识广、学历高

•社会地位高

•衣食无忧

•有稳定的工作且有建树

•孝顺

•情商高、有教养

•人脉广、人缘好

•有爱心

思考一下这样的排序对你自己的生活产生了什么影响；对孩子的教育产生了什么影响：

① ______________________________

② ______________________________

③ ______________________________

都市留守儿童

——孩子需要父母稳定的陪伴

小均是三年级的小学生。在过去的半年里，他出现了口吃的问题。小均爸爸和我约时间，请我给小均评估一下。

到了约定时间，小均父母陪着孩子一起来了。

当孩子遇到问题时，父母能够陪伴孩子一起尝试进行心理咨询，寻找问题的原因和解决的办法，是一种负责任的态度。

“我们这孩子胆小”

小均看起来有些腼腆，和我打招呼时声音很小。我和他聊了几句，他都是怯怯地小声回应。

妈妈鼓励道：“儿子，声音大点儿。”小均看了妈妈一眼，声音大了些。

爸爸说：“老师，我们这孩子胆小。”我不动声色地冲他摇摇头，示意他不要当着孩子的面这样说。

父母对孩子的评价，即使是不经意的，也可能转化为孩子对自我的认识，其影响甚至会持续到孩子成年以后。

小均靠在妈妈身上。由于咨询工作室中有沙具，他的眼睛看着不远处的沙具。在小均与父母的互动中，我看到小均的依赖，因此我邀请他玩沙盘游戏，用沙具创作一个故事，希望他在玩沙盘游戏时能拥有一些自己做主的空间。他毫不犹豫地答应了。

不一会儿，小均就开始显露出孩子的天性，他在沙具架和沙盘桌之间跑来跑去，一趟一趟拿着自己感兴趣的沙具。

小均开始堆沙堆，他动作大了一些，把沙子弄到了沙盘外边，爸爸看到，马上说：“小均，小心点儿，不要把沙子弄到沙盘外边！”小均点了点头，答应了一声。

他在搭建一个战争场景，沙具里有很多小兵人，小均为了省事，想一次把几十个兵人沙具都拿过来。这样，他小小的怀里抱满了沙具，在走到沙盘桌的途中，有沙具掉到了地上。爸爸说：“别一次拿那么多啊，看都掉了！”小均“噢”了一声，回头把地上的沙具捡了起来。

小均布好了阵，开始给我讲他创作的故事。他站得离沙盘有点儿远，我说：“小均，可不可以往前边站一点儿，这样你讲故事时如果需要动沙具就会更方便一点儿。”

孩子有孩子的天性，家长过多地约束孩子，有时候会让孩子变得唯唯诺诺，失去创造力和思考力。

小均爸爸马上说：“小均，快往前点儿，听老师的话。”

我再次无声地示意他先不要打扰孩子。

小均开始讲他的故事，很流利，在讲到一些他一下说不清的情节时，他开始口吃。我耐心地等着他，眼睛的余光看到他父母焦灼的神情。小均刚开始口吃时，停了一下，看我没什么特别的反应，他继续讲着，语言大体还是比较流畅的。他创作的故事虽然离奇，但逻辑还算清晰。

忍不住不断提醒孩子的爸爸

听完故事，我说：“你的故事很有想象力，而且我发现你用词很准确，我猜你的语文成绩是不是比较好？”

尽量通过具体的事实来对孩子进行夸赞。

他说：“还好吧。”

我说：“那你期末考试成绩怎样？”

"语文100分，可是数学没考好。"小均说。

"你很厉害呀，语文可以考到100分！"

小均轻轻扯了一下嘴角，说："我们班只有两个100分。"他紧接着又说："可是我数学没有考好。"

我问："没考好是什么样？愿意告诉老师吗？"

小均低着头："95分。"

"95分也不错呀，"我说，"爸爸妈妈怎么看你的成绩？"

小均抬头看了一眼父母。爸爸笑着说："没事，告诉老师。"小均说："妈妈表扬我了，可是爸爸批评我粗心大意，我觉得也是，那些题我都会，就是粗心了。"

爸爸要开口说话时，被我阻止了。我请他们安静地坐一会儿，我还要和小均说说话。

小均在和我的交流中已经放松下来，我开始评估他在没有父母特别关注的情况下说话是否流畅。我发现他表达大体没问题，有时说话结巴，耐心等待他也可以正常说完。同时，我也注意到每当孩子磕巴时，妈妈的表情就很忧愁。而爸爸，始终盯着孩子，极力克制自己想说话的冲动。

小均的爸爸对孩子管控很多，对孩子的要求很多，一直"盯着"孩子的问题。小均对自己成绩的要求也很高，在没有达到预期目标时，他会表现出不接纳。他人对自己的不接纳，自己对自己的不接纳都可能成为影响孩子顺利表达的原因。

我和小均"东拉西扯"聊天，到这时，一家三口的相处模式我已经有了初步印象。

我们聊了一会儿，小均的状况我了解得差不多了。我想和他父母谈一谈。我跟小均商量："你想不想画画？"

小均晃着双腿，晃着脑袋，说："我不想画。我画得不好。"

我说："没关系啊，我这里不是美术课，想怎么画都行。"

"不行，我不画。"小均坚持道。

我把他喜欢的小兵人递给他，说："你可以试着画画兵人，没关系的，没人说你画的好坏，哪怕是简单的线条都行。"

当孩子的自信心不太够时，父母的鼓励就显得尤为重要。

小均的爸妈也加入了鼓励的队伍，小均想了一会，拿过画笔，又说："画的时候不许你们看！"

我们自然答应，请他跟随助理去另一个房间作画。

一看到孩子离开，小均爸妈再也无法淡定，眼睛直勾勾地盯着我。我笑了笑，先问爸爸："我注意到，摆沙盘时，我提示父母不要干预，妈妈从头到尾没说话，不过爸爸总是忍不住提醒孩子。平时是这样吗？"

爸爸说："对，平时也是这样，我觉得吧，孩子就是要有规矩，男孩子更是要严格要求。这孩子被奶奶惯得有很多毛病，我就老提醒他。"

这时，妈妈开口了："确实平时爸爸说孩子比较多，以前我也说，后来看了一些育儿方面的书，觉得不应该总说孩子。"

我回应道："在孩子刚开始口吃没有太久的时候，家长能想到从心理方面调节，这个意识确实特别好。从我的观察来看，目前孩子只是轻微口吃，而且孩子在放松状态下很喜欢表达，这样我们调整的基础就很好。"

很多时候，那些让家长不安的行为，表现在孩子身上，调整的时候却不能只从孩子做起。

听到我这样说，小均父母对视了一下，不约而同地说："太好了！老师，那接下来要怎么调整？"

都市留守儿童

我向小均父母了解他们的家庭情况。

小均妈妈讲道："孩子是从二年级下学期开始口吃的。我生完孩子后一直没有上班，现在他上小学了，我看他适应得很好，就想出来工作。我的新工作离家比较远，孩子爸爸上班也远，我们上下班路上要消耗很多时间，回到家就非常累。每天这样，感觉一直缓不过来。后来我俩决定在单位附近租房。小均是爷爷奶奶帮忙带大的，以前我们住得近，有时孩子玩得不想回家，就在奶奶家住。我们觉得也没什么问题。所以现在的情况是，我们住单位附近，孩子平时就在奶奶家，周末我们回家，孩子和我们住一起。刚开始还好，因为每天都可以视频，都觉得很正常。过了两个月，觉得孩子说话有点儿结巴。奶奶之前没注意，经我一提，老人仔细观察后，就觉得挺厉害的。"

我问道："孩子怎么看这个状况？"

小均妈妈说："孩子好像还好，回家也没说班里同学学他说话。我去学校问了问老师，老师只说他上课不主动回答问题，其他也没什么太多发现。口吃这事，我们也知道他急的时候就这样，平时他一急，就跟他说'慢点儿说'，不过好像这样他反而更急，更结巴了。"

由于孩子平时收到了太多限制类的指令，当家长对孩子说"慢点儿说"时，孩子可能会理解成"我刚才说得不好，我要努力说好"，他可能非常努力想说好，但结果往往事与愿违。

妈妈说着说着，眼圈就红了："老师，您看我俩表达都很清晰，确实像您说的，孩子平时在家也挺爱表达的。现在成这样，我们真是急。"

爸爸安静了一会儿，开始说话："老师，您刚才提到我爱说孩子，又问到我们什么时候发现孩子的这个毛病，其实我也在琢磨，感觉和我们住在外边有关系。我们住外边后，和孩子在一起的时间少了，我就老怕我们的教育跟不上。我们确实也挺在意孩子教育的，所以我反思了一下，就是在外边住以后，我说孩子说得多了。"

小均爸爸担心和儿子分开居住，会影响对孩子的教育，因而产生焦虑情绪。他将自己的焦虑通过言行传递给了孩子，孩子背负着过多来自爸爸的压力，自然无法"轻装"成长。

"说到这儿，我也想跟您说一下我爸妈这边，父母帮我们带孩子，我特别感激他们，可就是我爸在家里没有话语权，我妈文化程度不高，脾气很急躁，经常在家发火。”

小均妈妈插话道：“我婆婆性子急，孩子干什么她都嫌慢。我其实原来也急躁，后来看书后开始有调整，对孩子很多时候以鼓励为主。不过这样，我就和婆婆之间有了些冲突。”她说完看了丈夫一眼。

小均爸爸拍了拍妻子的手说：“她这方面确实很用心，和孩子在一起比以前有耐心多了。我妈文化程度不高，带孩子还是老一套，虽然做事嫌孩子慢，但总体还是溺爱孩子。我怕孩子这方面有影响，看孩子有什么毛病就赶紧指出来，我刚才坐在这儿想，我真是说太多了。平时我爱人提醒我，我还不服气，觉得自己是为孩子好，她就看了几本书、半吊子水平，不能管我。您刚才问我的问题，点醒了我。”

急躁的奶奶、焦虑的爸爸、没有话语权的妈妈，两代人之间关于教育孩子的矛盾和冲突，都落在了小均的身上，成为他成长中本不必背负，但又不得不背负的压力。

这是典型的由隔代教养引发的问题。小均的“周末父母”，造就了他这样缺少父母稳定陪伴的“都市留守儿童”。

“孩子口吃的原因也许有多方面，但是如你们所说，我想很大程度上和你们在外边住有关系。孩子突然有5天见不到爸妈，内心很惶然，爷爷奶奶虽然和孩子很亲，但毕竟不能代替父母。而老人的很多教养观念、做法都可能和年轻的父母不一致。这样被老人养育的特殊的‘都市留守儿童’，会有很多被家长忽视的压力。当压力达到一定程度，有时身体会替他表现出来。”

“家里有一个人总在催促孩子，另一个人总在提醒孩子，这样会限制孩子的自主性。必要的规则要有，但过多干涉孩子的活动，他会表现得无所适从，导致自信心下降，习惯于看大人脸色行事。而父母不在身边，孩子对自己要求变高，希望用好成绩和好表现来‘讨好’父母，让父母满意……”我继续说。

小均妈妈听后流下了眼泪。她擦着眼泪说：“老师，您说得太对了，孩子的表现就是这样，我现在真觉得我们对不起孩子。”

我安慰她：“第一次当父母，有很多东西都要学习。在养育孩子的过程中，从来没有完美的父母，我们都要边学习边成长。有问题并不可怕，重要的是我们能够看见自己的问题，并从自身开始调整，寻求解决的办法。”

小均爸爸重重地点着头，说：“老师，我们回去要好好想想，怎么重新安排一下生活。哪怕大人再苦，也不能让孩子心理上受到影响。另外，我要努力管住自己，少说孩子。”他转向妻子：“你提醒我，我保证不跟你发脾气。”

调整的过程，从“意识到”到“做到”，不是容易的事。夫妻间相互提醒，是很实用的招数。

小均妈妈笑着说：“这可是你当着老师的面说的，你得记住，我提醒你时不能冲我发脾气。另外，你回去好好和妈谈谈吧，孩子现在出现问题，这时候谈比平时谈要有作用得多。”

我不禁莞尔，赞赏他们的反思能力，同时告诉他们，平时可以有意识地训练孩子说话说慢一点儿，如果说长句不连贯，可以多说短句。孩子结巴时什么也不用说，安心等待。日常也要注意多鼓励孩子。

“好儿子，画得好”

我去找小均，他已经画完画了，和助理两个人在模拟画中的角色，演得不亦乐乎。见到父母，小均扭捏了一下，把画拿了出来。爸爸说：“好儿子，比爸爸画得好多了，回家咱继续画！”得到肯定后，小均美滋滋地笑了。

几个月后，小均妈妈给助理发来信息，说她已经换了离家近的工作，有更多时间陪伴孩子，大家也都在调整。孩子现在口吃状况有明显好转，请助理代她表达感谢。

想对父母说的话

在很多大城市，由于生活和工作的压力，不仅滋生了很多“周末夫妻”，也滋生了新型的“都市留守儿童”。当家庭状况出现变化，由于得不到父母足够、恰当的陪伴与关爱，加上隔代教养的一些不可避免的问题，使得这些孩子更容易出现情绪或行为方面的困扰。

对于多数家庭来说，子女教养并不是两个人的事，尤其是独生子女时代，一个孩子至少会受到3～6个大人的关注。我们的传统习惯是隔辈的老人帮助带孩子，顺便担负起教养义务。但事实上，父母才是要承担孩子教养义务的人，隔辈的老人只是进行辅助。

教养孩子，如果无法做到父母独立教养，那么所有相关人员都需要统一认识，共同成长，为孩子创造一个和谐健康的成长环境。

心中有对孩子的爱，还远远不够，孩子的成长离不开父母的陪伴。孩子出现问题，可能问题并不仅仅在孩子身上，而是父母、家庭等方面的问题在孩子身上的反映。父母及时发现问题，调整自己，问题终将迎刃而解。

练习："夸奖"

在养育孩子的过程中，父母的有效陪伴非常重要，而在有效陪伴过程中一点一滴的细节都不容忽视，比如，对孩子的夸奖。

看看下面的场景，回顾一下，看看你的"夸奖"做到位了吗？

场景：年幼的孩子第一次自己系好了鞋带，他站在你面前，希望得到你的注意。

夸奖1：宝贝，你太棒了！快点儿，我们要迟到了，快走吧！

夸奖2：宝贝，你太棒了！妈妈看到你第一次不要大人帮忙自己系鞋带，真是个小能手！妈妈很开心呀，宝贝，你是怎么做到的呢？

这两类夸奖可能会让孩子有什么感受和行为表现呢？试着写下来：

____

____

通常而言，有益的夸奖要包含这些内容：

- 赞赏的口吻。
- 描述自己所看到的或所感受到的（听到大人的描述之后，孩子便能自己肯定自己）。
- 询问孩子是怎么做到的。这样做会激发孩子的自豪感和行动力。

练习：

母亲节到了，你的孩子为你做了一张"亲爱的妈妈，我爱你"的卡片，上面画满了彩色的气球和心形图案，还贴了一些他平时很珍惜的小贴画，他把卡片递给了你。

通过详细描述你的所见所感来夸奖孩子：

____

____

你平时是怎么夸奖孩子的呢？试着用这个办法，记录下最近一段时间你对孩子的夸奖，以及由此带来的孩子行为的改变：

事件1：________________

夸奖：________________

____

事件2：________________

夸奖：________________

____

事件3：________________

夸奖：________________

____

不开口说话的男孩

——建立家庭支持系统

我在一所小学进行心理辅导时，三年级的男生小默被班主任老师推荐过来，原因是他不开口说话，不仅上课不说话，下课和同学也几乎一句话不说。

在学校做心理工作时，老师认为有些孩子需要做心理辅导，就会推荐到心理辅导室。不过，大多数孩子在这种情况下是心存胆怯或者不愿意的，他们害怕被批评。就像家长带着孩子来寻求帮助一样，有些孩子会抵触，会担心咨询师和家长是“一伙”的，会共同“对付”他。因此，如果可能，老师或家长可以提前和孩子做简单沟通，让孩子知道，找心理老师并不是因为“有病”，只是遇到了一些困扰需要帮助而已。心理老师也不会批评他们，而是帮助他们变得更好、更快乐。当然，通常而言，只要来到咨询室，心理老师都是会有办法和孩子一起工作的。

“老师，再见”

小默在约好的时间准时来到学校“心灵小屋”。这是一个干干净净的男孩，身高和同龄人相仿。他进门后，看了我一眼，低头看着脚下。

我问：“你是小默同学吗？”

情绪宣泄区

情绪宣泄区是心理辅导室的一个功能区，来访者通过击打橡胶人，在不伤害自己和别人的情况下，将激烈的情绪安全地宣泄出来。生活中，有些父母不接纳孩子的坏情绪，更不懂得帮助孩子排解情绪，殊不知孩子的很多行为问题和情绪问题都是由于不良情绪长期积压造成的。给孩子提供一个安全的情绪发泄出口，对孩子的健康成长非常有利。父母要学会接纳孩子的不良情绪，并在家里提供让孩子有安全感的情绪宣泄方式和环境，让孩子能及时排解不良情绪。

当孩子处于紧张、焦虑等情绪中时，尊重孩子的内心，给孩子时间，让孩子自由地工作，可以帮助孩子放松下来。

他点点头。

我接着问："老师跟你说来这里做什么了吗？"

他摇摇头。

我笑着对他说："好吧，欢迎你来到我们的心灵小屋。最近这段时间，你每周可以在这里玩一节课，我会在这里陪伴你。我先带你参观一下，你愿意吗？"

他点了点头，眼睛里有些疑惑。

我发现小默是一个对环境的安全感要求很高的孩子，他不敢像别的孩子那样明目张胆地观察环境。于是，我带他参观房间，让他能够对心灵小屋有整体了解。

心灵小屋的一角是情绪宣泄区，有宣泄人可以击打。我给小默做了示范，邀请他试一试，小默先是轻轻地碰了碰橡胶人，然后挥拳打了几下，我注意到他的眼神已经不太躲闪，偶尔会快速看我一下。我问他要不要再玩会，他摇摇头。

房间的墙上是心理学挂图，我给小默讲每一张图是什么意思，他听得很认真，眼神中有光在流动，我意识到他不再像刚来时那样抗拒了。随后，我带他来到沙盘区。因为进门后小默就没太抬头观察，他看到架子上的沙具后，"啊"地叫了一声，瞪大了双眼，又飞快地扭头看向我。

我告诉他这是沙具，并把沙盘的位置指给他，让他可以把沙具摆到沙盘里，自由地编故事、摆景物图，想怎么玩就怎么玩。我就在边上陪着他，有什么问题都可以问我。

小默站在沙具架前观察了一会儿，开始小心翼翼地拿了一个沙具，拿到后看了我一眼，我笑着对他说："没问题，架子上的所有沙具你都可以拿。"他点点头，不再看我，专心地拿沙具，摆放在沙盘里。

从进门到安顿下来，小默的紧张感一点点消除，眼神中小小的戒备已经消散。

再看沙盘中，小默将彩色石子、小兵人、动物、植物混在一起，一会儿挪挪这个，一会儿挪挪那个。

我问道："小默，我猜你编了个故事，好像还在表演，你愿意给老师讲讲吗？"

他摇摇头。

我说："好吧，那你继续自己玩，一会儿时间到了我喊你。"

时间很快就到了。小默恋恋不舍地从沙盘中抬起头，看着我，眼神中充满期待。我问他："是不是还想玩？"他点点头。我说："老师刚才说过了，这段时间你都可以来玩，下次这个时间你还过来，好吗？"他重重地点点头。

扭头走时，声音小小地说了声"老师再见"。这四个字，轻不可闻，在我听来却是天籁之音。这一刻我真的很开心，我知道，这个慢热的孩子开始有点儿接受我了。

"等你准备好的时候给老师讲讲"

班主任老师告诉我，小默是这学期刚从湖北老家转学来的，开学已经两周多了，就是不开口说话。老师上课叫他回答问题也不开口，急了就哭，现在任课老师都知道了，课堂上就没人叫他答问题了。

我请班主任老师帮我邀请小默的妈妈在另一个时间段过来谈谈，我想了解下孩子的成长背景以及在家庭中的表现。

小默妈妈因为倒班排不开时间，我们约到了第三周。

第二周见到小默时，他依然不说话，不过，冲我笑了一

当孩子觉得环境安全时，他是有表达愿望的。

孩子的主要抚养人、生长环境、家庭、学校等方面有没有重大事件发生，这些都可能会对孩子的成长产生影响。孩子出现问题，不能光关注问题本身，也要从这些方面找一找原因。

沙盘不仅仅有游戏或放松的功能，在咨询室中，哪怕一句话不说，有时候也会起到疗愈的作用。非常重要的一点是，对孩子来说，这是一个安全的、可以自由表达的地方。当然，这里的表达是指用摆放沙盘作品来进行表达。对于家长来说，把家营造成一个安全的、可以自由表达的地方，会让孩子更安心，让亲情流动起来。

下。我问他："要不要继续玩沙盘？"他点点头，径直走过去，熟门熟路地开始玩。我还是告诉他，他可以自己玩，我在这里陪着他。

这一次，他的沙盘摆得清晰起来，有各种房子、交通工具、各种人，像是一座城市。我问他，他还是点头、摇头，我说："小默，老师想听你讲讲你创作的故事，故事没有对错好坏。不过，也许你还没有准备好，你可以想想，什么时候准备好了就给老师讲讲，不一定是这一次哦。"

他抬头看着我，嘴唇动了动，小声说"好"。

爷爷奶奶带大的孩子，情感依恋对象自然是爷爷奶奶。父母在他心中，只是应该熟悉的陌生人。当他们重新生活在一起后，孩子需要时间来适应新生活、新环境，更为重要的是，需要重建与父母的关系。

没有陪伴孩子成长，与孩子的共同语言很少，甚至不太了解孩子。想做弥补的时候，显得无所适从。这个时候，父母接纳孩子的不适应，耐心地等待和陪伴才是最有效的方法。

"爸爸妈妈和你在一起，我们会陪你面对任何困难"

第三周，小默妈妈如约来到"心灵小屋"。小默妈妈在北京生活快10年了，打扮入时，人看起来很利落。她告诉我，她在超市做收银员，小默爸爸在建材城工作，小默1岁后就留在农村老家交给爷爷奶奶抚养。那时两口子刚来北京打工，还没安顿好，今年终于觉得条件可以了，就把孩子接过来了。

小默所在的学校虽然是打工子弟小学，但很多孩子是从小在北京长大的，他们有着和小默不一样的见识。

小默妈妈说："孩子不太适应现在的环境，很大的一个问题是说话有口音。小默在农村上学，老师讲的都是当地普通话，来北京后和大家说话不一样，孩子就不爱说话。"

我问她："孩子在家里和你们聊天多吗？"

"其实，我们孩子性格挺好的，就是慢热，说出来也不怕老师您笑话，我们这些年一年见他两三回，孩子和我们也不太亲近，每次回家刚开始几天都不太和我们说话，慢慢才好。等混熟了，我们又得走了。”妈妈的眼圈红了，接着说，“这次来也是，刚来几天老哭，说想爷爷奶奶，后来好一点儿，但和我们还是话少。”

我问他们在家说家乡话还是普通话，小默妈妈说，都说家乡话的。

妈妈说，现在晚上在家，小默就是问一句答一句，除非有特别要家长帮助的，他才主动提。有时自己也着急，也知道不能发脾气，只好忍着。小默爸爸脾气很好，两个人都觉得以前亏欠孩子，想好好弥补，但又不知道怎么做。

我对妈妈能够控制住不发脾气的做法表示肯定。注意到妈妈的普通话已经没有口音，我问道：“你可不可以试着在家里和小默一起读书？”

“可以可以。”小默妈妈忙不迭地说。我告诉她，每天先帮着孩子复习和预习课文，和孩子一起大声朗读，在朗读的过程中，帮助孩子纠正发音。同时，和孩子商量，在家里交流时尽可能用普通话，给孩子提供一个练习语言的环境。当孩子有进步时，要及时鼓励。当然，所有这些的前提，都是要告诉孩子，爸爸妈妈现在和你在一起，我们会陪你面对任何困难。

妈妈说：“我们虽然到北京好几年了，但因为从小生活在农村，我们的父母从来都不这样表达，即便是爱孩子，也是从行动上表现。所以这种直接表达感情的话我们不会说，而且也没这个意识。可是现在就一个孩子，我想我和他爸爸也要学学怎么说点儿发自内心的关心孩子的话。”

妈妈把我的嘱咐记在手机上，说，“今天就开始，我和他爸保证每天有人在家陪孩子，就照老师说的做”。

“爸爸妈妈和你在一起，我们会陪你面对任何困难。”这句看似平淡无奇的话，在孩子看来，却是世上最美好的语言。因为父母的爱，是孩子坚实的后盾，是孩子力量的源泉。

在表达情感方面，很多家长都有些“羞涩”，因为在我们的文化中，从我们过往的经验看来，表达情感是让人不好意思的事。关心可以写在脸上，可以表现在行动上，但是很难说出口。“做”当然比只“说”要好，但如果既“做”又“说”，既有行为表现又有语言表达，岂不更好？所幸，随着社会的进步，越来越多的人意识到这一点，开始有意识地进行调整。

“今天就开始”是一句特别让人欣慰的话。只有行动，才会改变。

“你愿意我们帮助你吗”

分享自己的故事，可以让孩子知道，其实这个世界上，像他一样遇到窘境的人多的是，连父母、老师都有过呢。当他收到这个信息，心底里的担心、害怕就会减少很多。

小默第三次来到心灵小屋，带了颗牛轧糖给我。我和他说话，问他是不是怕别人笑话才不开口，他点了点头。我拉着他的手，说：“在心灵小屋里，你可以自由地说话，不管用方言还是普通话，我都没有问题。因为我喜欢你，希望和你聊天。”

我给他讲我第一次到外地上学，我讲普通话，别人都讲方言，我不太听得懂，一星期都没开口说话，站在楼道里哭的糗事。小默扑哧笑出了声。

这一次起，我们开始聊天，当然，小默也在尽量用普通话和我说，我让他慢一点儿，我们不急，慢慢聊。

对于小默而言，这算是天大的进步。他说，这是到了这所学校后他说话最多的一次。

我伸出手，非常郑重地和小默握手，祝贺他取得了重大进步。

对于家长而言，表达对孩子的欣赏，祝贺他取得进步，可以采用很多形式。有些时候，类似郑重握手这样仪式感很强的精神奖励，对孩子会起到意想不到的激励作用。这里就需要家长们发挥自己的聪明才智，针对孩子的情况，发展创新出多种多样的有效的激励仪式。

我找了张漂亮的便笺纸，记录下小默的进步，请小默带回家给爸爸妈妈。我告诉他，我会和他的爸爸妈妈一起帮助他，请他回去转告父母，邀请他们像我这样，记录下他的点滴进步，下次来带给我。

我问小默：“你愿意我们帮你吗？”

小默说：“愿意！”

他很开心。他自己都不知道，他走时说“老师，再见”的声音大了不少。

我告诉班主任小默的变化，并请她在班级里对小默多加鼓励。

在心灵小屋，我继续陪伴小默，鼓励他去尝试很多事。

同时以便笺的方式和小默的父母交流，也会对他们在这个过程中遇到的问题给予回应。

小小便笺记录下孩子的进步：第一次和同学聊天，第一次上课回答问题，第一次当小组长……

那个不开口说话的小男孩一去不复返了。

想对父母说的话

小默是典型的农村留守儿童。他离开熟悉的环境，来到陌生的地方，不知道要面对什么样的生活，有些不知所措。对小默而言，面对和过去全然不一样的生活，要从混乱走向适应，需要时间，他很胆怯，不敢开口。

离开爷爷奶奶，来到熟悉的陌生人——父母的家中，和父母在一起，小默想亲近却又胆怯。他要试探，试探环境是否安全，试探周围人是否友善。他不开口，用眼睛观察，用心体验。

所幸小默身边的支持很到位。小默有爱他的父母，父母虽然面对问题时也会感到无从下手，但对孩子的爱让他们愿意担负起责任，他们为了孩子努力学习、努力改变；小默有负责任的班主任老师，她注意到小默面对的困难，主动向这个孩子提供帮助，推荐小默做心理辅导，并且在日常对小默的进步加以鼓励；而作为小默的咨询师，我的作用就是陪伴小默，让小默看到身边的资源——父母、老师对他的爱，帮助他逐步建立对人、对环境的信任，放下戒备。

当孩子遇到困难时，不要让孩子孤立无援，帮助他找到资源，是每一位父母都应具有的意识。

练习：邀请孩子画出他的社会支持系统图

所谓社会支持系统，是指当我们需要帮助的时候，那些可以给我们提供帮助的人和机构组成的支持体系。从这种体系中，我们可以获得力量和资源。

每个人都有自己的社会支持系统。看看下边的图示：

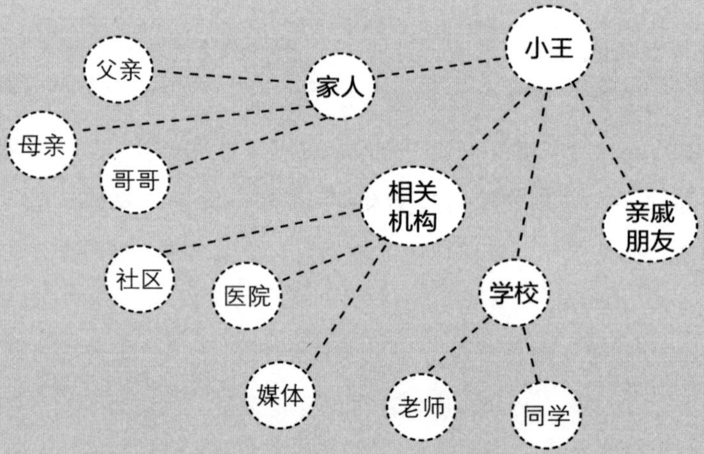

邀请孩子画出他的社会支持系统图，可以画得很详细，比如好友的名字等，也可以加上遇到什么问题可能去找哪些资源等内容。

总之，以此图示为蓝本，可以自行添加需要的内容。这张社会支持系统图会随着孩子的成长而发生变化。但始终不变的，是让孩子知道有困难可以找谁帮忙，他并不孤单。

总是生病的男生

——重压下的身体自救

大树的家在A市。自从高一入学以来，大树三天两头生病，基本都是发烧、腹痛，他就读的B县的寄宿学校管理严格，学生只能一个月回一次家。如果学生生病，老师会给家长打电话，请家长把学生接走看病。

有很多心理问题会以躯体症状的形式表现出来，通常当所有检查都做了，依然查不出病因时，有经验的医生会建议从心理方面找原因。

大树父母每次接他回家去医院，做各种检查，医生都查不出什么特别的问题，也怪，回家后病就差不多好了。医生猜想会不会是心理问题。

眼看大树的学上得磕磕绊绊，又有不明原因的病，父母心急如焚。于是，大树的父母带着大树坐了几个小时的火车过来找我咨询。

管理严格的学校

家长都希望孩子将来能有出息，首先需要考个好大学。寄宿高中也是目前比较常见的高中就读方式。这样的方式，不能绝对评价其好与不好，但家长将孩子送往这类学校时，一定要注意关注孩子的情绪变化，乃至心理健康。

大树是个高大帅气的男生，他告诉我，前天因为肚子疼被接回家，今天来北京时已经不疼了。基本每次都是这样。发作的时候是真的疼，有时是发烧，体温计测的温度骗不了人，但是回家后温度就降下来了。他自己也很苦恼。

大树父亲给我讲了大树到这个学校上学的过程。原本大无论是初中还是高中，第一次住宿的学生都需要有时间来适应，不过由于每个学生个性特点不同，适应的过程有快有慢。家长需要格外关注孩子适应的这段时间。

树家住在市里，大树上的初中不是市重点，但也还不错。大树成绩在班里还比较好。中考后，为了孩子将来能上个好大学，大树父亲托人找关系，帮大树联系到了隔壁县城的一所私立中学。这所中学，虽然远在县城里，但是升学率高，因此名气特别大，家长们趋之若鹜。

高一的新生大树就这样开始人生第一次住校，离家50公里，这对他显然是个挑战。

大树说："老师，我家条件不算太好，也不算太差。我自己一个人住一个房间习惯了，到这边学校后，10个人挤在一间宿舍里，晚上睡觉磨牙说梦话那些就算了，宿舍那味道，我的妈呀，你能想象吗？这些人一月回一次家，脏衣服都是要带回家洗，我现在都是久住鲍鱼之肆了。"

大树父母的教养方式似乎有点儿不一致。这样的话我们经常听到，通常是孩子有问题时，要求严格的一方抱怨宽松的一方。

大树父亲打断了他的话："就你娇气，人家那些娃都能忍，你为啥不能忍？"又扭头对着大树母亲说："都是你，把孩子惯得成啥样了。"

大树母亲有点儿面子上挂不住，反驳了一句："那孩子也没因为这个不上学呀，他不是坚持得挺好吗？还不让孩子说说了。"

"还不是想给孩子一个好的将来吗"

我开口道："让孩子说说学校的情况吧，这正好也是我需要了解的。"

大树看了父亲一眼，父亲没吭声。大树继续说道："老师，我给你说说我们在学校的时间安排。我们每天5：30起床，一直到晚上10：00，所有的事都有时间限制。比如吃饭，限制15分钟，15分钟回教室。这是什么概念？在老师正点下课的情况下，我们得跑到食堂，排队，飞速吃完饭，跑回教室。如果老师拖堂几分钟，那完了。”

“15分钟时间？”我重复了一遍，“那你们吃饭速度要非常快了。”

“是啊，吃不快就得饿着。在教室还不让吃零食。”大树说，“你知道吗？我开学一个月瘦了20斤！说了别人都不信，我是饿的！我吃饭本来也不快，15分钟根本不够我吃饭，只好天天饿着。”

看到妈妈眼圈红了，我问道：“孩子在学校的这些情况你们知道吗？”

妈妈擦了一下眼泪，说：“知道呀，孩子回来说，我也很心疼，只好在他回家时使劲给他做好吃的。”

大树爸爸说：“这些我们都清楚。可是有啥办法，还不是想给孩子一个好的将来吗？我和他妈妈都没上成大学，这娃娃学习看着还行，就让他在这儿上高中，将来考个好大学。老话说，吃得苦中苦，方为人上人。念书还能不受点儿罪？”

“还不是想给孩子一个好的将来吗？”望子成龙、望女成凤，是天下父母的心愿，听起来也无可厚非。

“这学上得真憋屈”

“生活上的事就算了，反正大家都是忍。”大树说，“我最受不了的是学习。我这个班是实验班，是入学时按成绩分的，我本来成绩不差，但在这个班，我不管怎么努力，每次考试都在后边垫底。我们同学个个都太厉害了！我们每周都小考，考完就排名贴在教室。每月大考，全年级排名。排名在后边太丢人了，简单被虐到一点儿自信都没有！”

大树提到的“一点儿自信都没有”，是值得家长们思考的。长期处于努力无望的环境下，确实容易将自信一点点湮没。在这一点上，无论成人和孩子，都会面临类似的困扰。

大树打开了话匣子：“班里同学天天就是埋头学习，聊个天都是聊学习、说题，一点儿意思都没有。我本来爱交朋学校生活中，有没有朋友、老师的态度，都会影响到孩子的状态。

友，在这个学校我一个朋友都没有，感觉大家都没时间交朋友，净学习了！在老师那儿也是，成绩在班里靠后，老师也不喜欢，有一次数学老师还问我，中考成绩是不是我自己考的，他什么意思啊？”

“唉！这学上得真憋屈！我们班有几个同学退学了，我都想退了！”大树偷瞄了父亲一眼，“有次说了一下，被我爸打了一顿，再也不敢说了。”

“看来爸爸平时挺严格的。”我说。

“严，”大树偷偷做了个鬼脸，“平时我不太敢和我爸说话。”

大树父亲说道：“家里就这一个男孩，我寻思着不管严点儿他不成器。可是现在这娃也给我出了难题，过不了几天就生病，检查又没啥事。现在，我都害怕接到学校电话。老师，你说孩子这是啥毛病？”

“有越来越多的证据表明很多病是心身疾病，也就是心理原因导致的身体疾病，这样的病，做相应的医学检查显示各项指标基本正常，但症状依然存在。我估计大树是类似的情况。”我说，“至于咱们接下来怎么做，我还是希望能和大树单独聊一会儿，不知道大树愿不愿意？”

大树使劲点着头。

“我的身体听我的”

尝试着站在孩子的角度，体会他的不容易，是很多家长需要有意识加强的地方。当家长能够理解孩子时，孩子会感受到来自家长的爱的力量，应对压力的信心也会增强。

我说：“大树，真的觉得你特别不容易。”

大树叹了口气：“唉，老师，我爸妈要是能像你一样理解我就好了。我刚才一直绷着劲，其实心里可委屈了。刚才你说的那个心身疾病，我觉得我就是。我心理压力太大了。

在学校那么受罪，在家还不能直接说，我妈还行，能听我说说，可她也没什么办法。我爸是基本听几句就打断，我干什么他都不满意，总是骂我打我。我现在生病回家，他态度还稍好点儿，不过我看他现在也快不耐烦了。”

当家庭中的某个成员遇到困扰时，全家人互相理解与支持是非常重要的。

“嗯，你现在频繁生病，家长的不耐烦可能更多是对你的担心，否则也不会这么远带你过来了。”我说。

“也是。”大树挠挠头。

“我想知道一下你生病的具体频率，一般几天一次，有规律吗？”我说道。

如果孩子遇到类似有身体症状的情况，家长可以仔细观察一下症状发生的频率、当时的具体场景等，看看是否有规律可循。这样去医院时反映给医生，便于医生做判断。

大树想了想，说：“我仔细一想，还真是有点儿规律，我差不多到每周四、周五的时候就觉得熬不下去了，然后很神奇，我就开始生病，我都不知道怎么回事。”

“你的身体很了解你的需要啊。”我开玩笑道，“那你回到家以后的时间怎么安排呢？”

“刚开始都是我爸直接把我接到医院，进行各种检查，没事后就回家待着，不难受了就和同学约着出去逛逛，聊聊天。我好羡慕我初中同学他们现在的生活啊！我们学校平时大家都学习，没人聊天，想跟初中同学聊聊，又不能用手机。嗯，反正这样在家休整两三天就又回学校了。”大树继续说，“现在，怎么检查身体也没毛病，我们连医院都不去了，直接从学校回家，各种放松后又回学校。不过我现在真是越来越不想回学校了，那就是噩梦一般的地方。虽然在家也不舒服，我爸老说我，总打击我，但总归是比学校好。”

“老师，我现在最大的愿望就是回到市里上学，哪怕上一个普通高中。老师，我学习能吃苦，可是我实在受不了学校的这种管理。”大树苦恼地说，“我爸一直不同意我的想法，我也理解他，毕竟托关系花了钱，还费了不少劲。我现当人们处于压力状态下时，身体会有各种各样的反应。大树所谓的“身体听我的”，其实也是身体对压力的反应。当压力大时，身体紧张，出现症状；放松状态下，身体恢复正常。

在就想，幸运的是我的身体听我的，我要是老这样不能正常上学，也许人家学校也不要我了，这也算我自救吧。”大树的脸上出现了一种与年龄不相符的悲凉。

我拍拍他的肩膀，说：“我不是你的说客，不过我想你父母既然来了，我们会一起来想办法，努力改变现状。”

适应环境还是换个环境

大树父亲再进来时，很急切地说：“老师，你刚才说这孩子是身心疾病，我理解就是心理问题，对吗？那他严重不严重？”

我点点头：“可以说是心理问题，因为从目前情况看，大树身体的那些症状是由心理原因引起的。不过我评估并没那么严重，我想孩子是各方面压力太大了。”

这是家长们经常提的一个问题：为什么一样的环境，别的孩子都没问题，偏偏我的孩子有问题呢？

“那就好那就好，可担心死我们了！”大树父母对视了一下，“可是我还是不明白，为什么人家学校那么多学生都没事，偏偏就他这样呢？”大树父亲满脸疑惑。

我解释道：“每个人对压力的耐受度都不一样，这和个人性格特点以及后天的成长环境等很多因素都有关系。我和大树交流中发现孩子各方面发展挺全面的，他不是咱们通常说的‘死读书’的孩子，可能也因此对学校严格的管理制度接受度没有大多数同学高。”

这也是家长们常见的担心，担心遇到问题就换环境，会对孩子成长不利。

“哦，这样啊，那现在怎么办？他嚷嚷着要转学，转学倒也不是不行，我就怕他这样是挟制我，以后再遇到点儿困难就往后退。”大树父亲说道。

“客观地说，你们对孩子的看法是怎样的？”我没接话，转而问他们。

“我觉得我们孩子挺好、挺仁义的，也挺爱学习的，就是他爸老看他不顺眼，孩子回到家也不给好脸色看。”半天没说话的妈妈说话了。

大树父亲看了一眼妻子，说：“你还不知道我多心疼娃？他这样我比谁都急。”又转向我：“老师，说实话，我觉得我孩子挺好的，学习方面其实挺省心的。我是脾气不太好，还有一个观念就是老话说的严父慈母，我觉得对他严点儿是为他好。刚才在外边我也在想，是不是我对孩子太严厉了。”

“我想严厉和打骂、否定孩子还不是一回事。无论多大的孩子，都是需要父母肯定的，男孩子尤其需要父亲的肯定与支持。另外，我听到你们对孩子的看法，我在想，如果孩子转学了，你们对孩子的学习有信心吗？”

无论遇到什么情况，当父母对孩子有信心时（当然，这种信心不是盲目自信），孩子对自己就会有信心，就能尽力去做事。

大树的父母一起点了点头。

“唉，就算普通高中又怎么样！退一万步讲，就算将来上不了大学又怎么样，总比孩子得病强吧！不能太逼孩子啊！”大树的父亲加重了语气。

“就是，就是！”大树的妈妈附和道。

“当然了，我也理解当父母的顾虑。当遇到因环境问题引起的状况时，要么努力适应环境，要么换个环境。通常大家的想法都是先努力适应环境，这个毫无问题，我也很支持，现在都希望锻炼孩子们的抗挫力，这是很有必要的。不过，还有很重要的一点，要看适应环境需要付出什么，如果付出代价太大，收效又不是特别明显的话，那么就需要仔细衡量了。凡事都没有绝对。”我对大树的父母解释道。

大树的父亲若有所思地点点头。

男孩子尤其需要父亲的肯定与支持

如果能保证每周一次的咨询，也许大树可以在专业老师的支持下在这个学校完成高中学业，不过没人可以做这个保证。毕竟心理咨询也不是万能的，还要综合方方面面的因素。

“刚才你们说到‘不能太逼孩子’，这点还是很重要的。适度的压力可以激发人的斗志。如果压力过大的话，有时反而会适得其反。转学是其中一个解决办法，你们可以回去后再仔细权衡。因为你们在外地，不能保证固定时间的咨询，我还想提醒的是，爸爸以后可以适当地给孩子一点儿肯定，这样会帮助孩子提升一些面对困难的勇气和力量。”我说。

“其实，他爸也夸他，不过都是在背后夸他。”妈妈适时地插话了。

无论是否离开目前的学校，父亲对孩子的肯定都是需要从当下开始做的。

“这小子，当面夸怕他翘尾巴！”大树爸爸不好意思地笑着说。

“会吗？”我笑着问大树。

“少夸几句我还是会很高兴的。”大树又摸摸脑袋，偷瞄了一眼父亲。

我又和大树讨论了一些适合他的舒缓情绪的方法，如运动、写日记、听歌等，我们约好一个月以后再来咨询。

每个人都有自己缓解压力的方式，适合自己的就是最好的。

下一次快到约好的咨询时间时，咨询室收到了大树父亲的电话，他说，家里人商量后，决定还是给孩子先找个学校借读，现在的学校离家近，每天可以回家，孩子很开心，已经有两周没有生病了。他告诉接线员，如果后边情况有改善，就不再来咨询了。

后来我再没有见过大树一家。我想他们暂时不需要咨询了。

想对父母说的话

和大树谈话时，有一阵子，我的心和大树一样悲凉。

无意对学校的管理说什么，只想跟父母们说，望子成龙固然重要，但真的要考虑到孩子的心理需求，不是每一个孩子都能承受这种管理体制的高压的。

大树的病就是在替大树抗争。

事实上，在对一些在校大学生的咨询中，我也会经常遇到一些在高中阶段被压抑了太久的孩子。准军事化的管理使得孩子高中三年的一切都是为了高考时的分数，虽然他们闯过了高考这一关，可在大学里却暴露出各种各样的心理困扰。

无论怎样，身心健康的人才能真正成为社会的栋梁。

对于大树而言，幸运的一点是，他的父母综合各种情况，及时做了调整。

遇到重大压力的情况下，家人的支持总是最重要的。

练习：“你可知我的压力”

通俗来讲，什么是压力？觉得不快乐，有紧张、焦虑等各种不安的感觉时，就是有压力了。压力有大有小，人的一生就是和压力共舞的一生。

找一个亲子时间，坐下来和你的孩子一起，聊聊最近一段时间彼此的压力（无论压力大小），看看相互间可以提供怎样的支持。

孩子：

- 我的压力来源：________________
- 我的感受：________________
- 我的解决方式：________________
- 我猜想父母的压力来源：________________
- 我猜想父母的感受：________________
- 我猜想父母的解决方式：________________

妈妈：

•我的压力来源：________________

•我的感受：________________

•我的解决方式：________________

•我猜想孩子的压力来源：________________

•我猜想孩子的感受：________________

•我猜想孩子的解决方式：________________

爸爸：

•我的压力来源：________________

•我的感受：________________

•我的解决方式：________________

•我猜想孩子的压力来源：________________

•我猜想孩子的感受：________________

•我猜想孩子的解决方式：________________

写完后全家进行交流，看看会有什么不一样的发现呢？

文史哲达人

——被父母的选择困住的男孩

李女士神色憔悴，黑眼圈十分明显。她同样也是因为孩子的问题来到咨询室。

她告诉我，最近被读高二的儿子小普折磨得天天晚上失眠。孩子不但不好好学习，还三天两头不想去学校，在家不和她说话，有事就留纸条。她已经心力交瘁、无计可施了。

李女士前两年和爱人一起作为高级技术人才被引进到北京，孩子初中毕业后，也来到北京读高中。

和孩子交流都是留纸条

李女士说，自己现在最后悔的事就是之前一心扑在工作上，把孩子扔给爷爷奶奶，现在孩子和父母不亲近，到北京后一不顺心，就嚷嚷着要回老家找爷爷奶奶，而且心里有什么话都不肯给父母说。

工作和孩子间的选择，对于职业女性来说总是非常困难。

小普原先在老家学习很好，到北京读书后，因为和老家的功课进度不太一样，而且优秀的同学非常多，他的成绩开始大幅下滑。高二开始分文理科，由于父母自己都是理工科背景，他们自然希望小普也能学理科，认为将来出路孩子是弱势的那一方，在父母的意见面前很难做到坚持自己。

比较好。

小普虽然不愿意，最终还是在父母的坚持下选择了理科。这之后，小普脾气开始变得暴躁，出现前面李女士诉说的那些情况。

我请李女士描述她和小普在正常沟通时候的相处状况，发现她因为后悔以前没有太管儿子，现在事无巨细，都希望给孩子最好的。但儿子似乎并不领情，两人冲突不断。反倒是儿子和父亲相对亲近些，不过父亲经常出差，父子俩平时并没有太多交流。

李女士希望能够改善亲子关系，可是又无从下手。我提议她可以邀请儿子一起来咨询。

李女士面露难色："老师，这个有难度，他现在都不和我说话，我俩交流都是留纸条，有事了才写几个字。我真不知道能不能把他带来。"

通过谈话中的信息，帮李女士试着找找资源，看看谁可以帮助她做这件事。

"他对爸爸现在也是这个态度吗？"我问道。

"爸爸总不在家，不过这几天可能会回来，我让他劝劝儿子吧，也许他说话管用。"李女士说。

"嗯，爸爸目前是咱们可用的资源，他会在你和孩子的关系改善过程中起到重要作用。"我说。

这家的父子关系，倒像是"距离产生美"的标准版本。其实，有时候亲子交流时，质量比距离更重要。

"是啊，孩子尤其和我关系不好，我都冤死了。以前是我做得不好，没有多陪孩子。现在我可是恨不得把心都掏出来给他，可人家也不念你的好，什么事都不管的爸爸倒成了好人。不过，他现在也没什么办法调和我和儿子之间的状况，有时还避开了呢。"李女士无奈地说道。

"你这么痛苦，我猜想孩子也不会愉快到哪里去。孩子不会无缘无故成为这个样子的，也许是遇到了一些自己无法解决的困难。可以请爸爸和孩子谈，向孩子表达你们看到了他的痛苦，想帮助他，又不知怎么办，看看他愿不愿和我们一起应对困难。”我说。

很多时候，父母不知道用什么方式可以将孩子带到咨询室来，因为有些孩子本能地会排斥心理咨询，认为来咨询就是有病。所以我经常会提示父母怎么做才有可能带孩子来。

这样的人生有什么意义

一周以后，不但小普来了，小普爸爸也来了。看到全家能一起来解决问题，我很替他们高兴。

小普爸爸看起来比较温和，他对小普说：“你先去和老师谈谈吧，有什么话不想和爸妈说，和老师说说，老师这里保密的，省得憋在心里难受。”

家庭中出现问题，通常不是某一个人的问题，而是家庭互动所致。全家人能够共同面对，也就意味着问题的解决有了好的开端。

小普犹豫了一下，跟我进了咨询室。

我又强调了一遍保密规则。小普心不在焉地应了一声，扫视了一圈咨询室，目光停留在墙上挂的画上，是凡·高的《星空》。

小普说：“老师，这是谁画的？”

我说：“一个孩子临摹后送给我的。你也喜欢画画吗？”

“不不不，我画不了，不过我喜欢看，瞎看。”小普说。

“哈，有鉴赏能力也不错呀。那你平时喜欢什么？”我顺势问道。

“我比较喜欢看书。”小普说道。

并没有直奔咨询的主题，我和小普随意聊了起来。他喜欢看文史哲类的书籍，尤其喜欢哲学。谈到喜欢的话题，小普眼神明显亮了起来，他问我喜不喜欢黑格尔，然后津津有味地给我讲他的思考。我坦白告诉他，我对黑格尔研究并没有那么多，但多少知道一点儿，我倒是愿意和他谈谈，前提是他不“嫌弃”我。

成人的示弱，其实并不可怕，反倒让人觉得更真实。

“没事没事，”他宽宏大量地摆摆手说，“能和你聊聊就不错啦，现在都没人和我聊这些。”

我和小普聊了一会儿，看他放松下来，于是见缝插针地问了一句：“你知识这么渊博，将来上大学想学什么专业？”

小普突然蔫了，声音降下来：“我想学哲学，可是，这个可能只是我的梦想。”

“梦想可以通过努力实现。”我说。

“连争取的机会都没有，我爸妈让我学理科。”小普加重了语气。

“哦，这样啊。我没有具体了解过全国高校哲学专业的招生情况，不过我知道有些同学上大学时没有考取喜欢的专业，入学后还可以转专业，而且也可以修双学位。你是高中生，也许有很多大学里的机会你还不太知道呢。”我说道。

“大学还能转专业啊，这我还真不知道。不过，我想我可能都考不上大学。”小普沮丧地说。

“发生什么事让你这样想呢？你愿不愿意和我说说看？”我问小普。

小普老气横秋地叹了口气，说：“我爸妈非要让我学理科，说什么将来出路有保障，可是我学不会啊！生物还凑合，物理、化学我是真不行，真学不会。跟我爸妈说，他们都不信，他们就是鼓励我好好学，说好好学一定能学会的。可我好好学也学不会！现在上这几科就头疼，跟爸妈说也没用，太苦恼了！”

转学的学生通常需要有一段时间的适应期，每人的情况不太一样。小普从外地转来北京，需要适应的地方更多。

小普接着说道：“我爸说让我和您说说，我本来觉得说了也没什么用，我爸说别老憋着，我想那就说说吧。确实，我也没什么人可以说。现在学校没什么朋友，以前的朋友我到北京后也联系少了。”

“哦，原来是这样，难怪我感觉你说这些时带着苦涩。”我说。

“是啊，我常常想，这样的人生有什么意义呢？我连我想要的东西都不能追求，活着还不如死了自在！可是又觉得不甘心，我的人生都没有真正开始，这样死了太可惜。所以我就默默地看书、看书，也不怎么和同学交往。”说这些话时，小普的眼睛里有泪光在闪。

“这样的人生有什么意义呢”，这实在是直击人心的一句问话。年轻人会经常思考人生的意义，经常会得出一些诸如“人生没有意义”的结论，这时及时的引导十分重要且必要。

他接着说道：“我妈这人太唠叨，我心烦，不想听她说话，和她说话也总控制不住情绪，干脆就不说了。以前还愿意和我爸聊聊，他也喜欢历史，可是现在他一直劝我，说我可以像他那样，学理工科，其他的可以当成爱好。他就不明白，我没他那么聪明，他觉得简单的东西我学起来太难了！”

“听上去好像你没有得到理解。”我说。

“是！我从小跟爷爷奶奶长大，学习也没让父母操过心，他们不但不理解我，而且还不了解我。我其实一直都是文科比较好，初中时表现不太明显，高中就明显了。我学习挺自觉的，可是对物理、化学一点儿兴趣都没有，不想学更学不会了。”

把想法真实地表达出来

小普想学文科，父母想让他学理科。矛盾由此产生。看起来并不是多么复杂的问题，却成了横亘在这家人面前的困难。

我说：“刚才和我说的这些话你跟父母说过吗？”

“我自己的想法没有全说，每次一说，他们就开始劝，我就想，要不就再坚持坚持。可是坚持得太辛苦了！我心里不爽，不想和他们说这些。”小普说道。

“我倒是觉得把你的想法真实地表达出来，也许会帮助你解决当下的困难。你看，你虽然没有用语言表达，但是用不用语言表达，却用行动表达，这是很多人都习惯的方式。只不过，每个人对行动的解读都不一样，语言表达实在是非常有必要的。

行为进行了表达，比如发脾气、不说话等，而对这个行为每个人的解读都不一样，你爸妈不一定能猜到你的想法，你说是不是？”我对小普说。

“表达出来就能解决？”小普疑惑地问。

“试试看哪，我一直坚信，解决一个问题的方法不低于三种，事实好像也是这样。你愿不愿意试着在爸妈面前表达你的真实想法？”我鼓励他道。

解决一个问题的方法不低于三种，这对于很多陷入困境中的人来说，是启发他们向外走的信念。

小普想了想，说：“也对，我爸这次回来找我谈，我也没好好理他。要不就试试吧，我想他们也不愿意我天天这么痛苦。不过，我不知道怎么开口，老师，您能帮我吗？”

“当然了，你们来这里就是来寻求帮助的。我虽然不会帮着你说服你父母，但是我想我会帮助你们看到彼此内心的需求，到那时，也许问题就迎刃而解了。”我笑着说道。

“是我自己的选择，我会努力”

我邀请他们全家一起讨论小普的学业问题。这是目前亲子关系不理想的导火索。

在我的引导下，小普磕磕绊绊地表达着自己的想法。父母愕然地对视着，父亲想要说话，我向他打个手势，请他等小普说完。

小普没有看父母，低着头说完后，长吁了一口气。

小普妈妈哭了起来。

认真倾听孩子内心的声音，比急着指导效果更好。

小普爸爸叹了口气，说：“我一直觉得我们还挺民主的呢，尤其是我，一直想着我们不是专制的家长，真的是为了孩子好。文科专业现在找工作不好找，我俩都是理工科，觉得孩子遗传基因应该也没什么问题，没想到给孩子这么大伤害！”

“父母有时候不自觉地想替孩子安排他的人生，而忽略了孩子作为一个独立的个体，也是有自己的想法和需求的。”我说。

父母不了解孩子，不知道孩子学业的具体情况以及内心真实的感受。

“不瞒您说，老师，我这次回来看到家里的情况，心里也急。我检讨了下自己，平时工作太忙，在外边也没时间和儿子谈心，他妈妈跟我说这情况，我想这是小孩子在闹脾气，过几天就好了，觉得他妈妈小题大做，没当回事。回来一看不太对，想和孩子谈吧，他不爱理我，自己房门一关。您知道，我是理工科出身，也不擅长做思想工作，就没谈成。”

小普爸爸继续说：“昨天和他妈妈商量，看看今天谈的情况，了解下孩子到底是怎么回事，是因为分科的事，还是还有别的事。要是分科的事，那不行就想办法转文科吧，虽说不好找工作，但人家还有那么多学文科的呢，不差咱这一个。”

“爸，你们同意我学文科了？”一直低着头的小普猛地抬起头。

“嗯，”小普爸爸点点头，“找工作虽然不容易，我想，那个痛苦程度应该没你现在这么严重吧。”

小普欣喜得直搓手，说：“爸，你放心！学文科也算是我自己的选择，我一定会努力的！谢谢爸！”

“小普，这是你爸妈一起商量的呢。”我提醒道。

“哦，谢谢妈！”小普眉开眼笑，早忘了他已经很久不和妈妈说话了。

小普妈妈哭得更厉害了。

她不知道怎么表达才是合适的“度”

我说：“小普，有没有什么想和妈妈说的？”

小普挠挠头，说："对不起，妈。我前段时间不和你说话，做得不太对。"

"好像还有点儿不情愿的样子，"我开玩笑地说道，"虽然学业问题非常顺利地解决了，可是我们还有一个重要问题要讨论，那就是你和妈妈的相处问题。"

一直没说话的小普妈妈开口了，她说："我也想问问老师，我们怎么相处才合适。"

我笑着说："答案就在你们这里，一会儿就知道了。"

我请小普做导演，把他和妈妈在家的日常表现展示出来。小普很开心，指派爸爸演自己，自己作为导演兼演员来演妈妈。

"导演"说戏很到位，一个小小的情景剧很快呈现出来。剧中的妈妈事无巨细地照顾小普，小普则"不胜其烦"。

我请他们谈谈各自的感受。

用角色扮演的方式呈现日常生活，会更直观地让参与者看到、感受到需要调整的部分。

当观众的小普妈妈不好意思地笑了，说："我怎么那么烦人呢？我自己平时不觉得，现在坐在外边看自己，觉得怎么那么烦人呢？别说孩子不想理我，我都不想理我自己了。我原来不这样婆婆妈妈啊！"

小普爸爸也幽默地说道："作为小普的替身，我表示小普平时太不容易了。我终于理解孩子为什么不爱和妈妈说话了，妈妈管得太紧，孩子都没退路了。"

小普却红了眼眶，说："我原本想演出我妈的烦劲，可是演着演着我投入进去，觉得我妈就是爱我，还有点儿讨好的意思，问题就出在她不知道怎么表达才是合适的'度'。"

"爸爸妈妈觉得以前对你的陪伴不够，尤其是妈妈，非常想弥补，所以可能有点儿用力过猛。通过刚才的情景剧，你们现在都能彼此理解对方的行为了吗？"我说。

一家三口齐齐点着头。

答案就在你们那里

我说：“妈妈刚才问我，我说答案就在你们自己那里。所以你们回家还要做重要的事情，也许你们需要召开家庭会议，一起讨论家人相处时，哪些行为是适当的，哪些是不适当的，并将会议结果记录下来张贴在家里显眼处，互相监督，可以吗？之所以提议张贴结果，就是因为刚开始调整，时时会忘，会忍不住回到原先的状态。”

“可以可以。”三人对此毫无异议。

小普爸爸补充道：“刚才小普说他自己的想法时，我想插话，老师让等一会儿。我觉得这个也给了我启发，我们平时沟通时要注意这点，让每个人充分表达完，大家再发表各自意见。你们同意吗？”娘儿俩互相看了一眼，点头表示同意。“那好，那我就主动请缨，以后不管我在哪儿，咱们每周开一次家庭会议，保持良好沟通。”

如此有悟性的一家人！我不由为他们鼓起掌来。

“祝你今晚睡个好觉！”临走时，我对小普妈妈说。

“今后估计都能睡好觉了。”她笑着说。

想对父母说的话

借用小普喜爱的黑格尔的一句话：悲剧就是善的冲突。

小普的一家，每个人都是善良的。父母“为了孩子好”，温和且强硬地替孩子做决定。孩子为了接受父母的好，辛苦地忍受着那个对他来说很痛苦的决定。大家一起“合作”，造成了困难的局面。

所幸还没有发生真正的悲剧。也很幸运，这是极有悟性的一个家庭，能够通过咨询很快找到问题和解决方法。

小普家的问题看起来很简单，却依然困住了他们。痛苦与快乐，很多时候只是一步之遥。所谓当局者迷，这一步，对他们来说却是鸿沟。

不要囿于问题本身，站在外边看问题，是多么重要。

练习：角色扮演

角色扮演是心理咨询中常用到的一种技术。运用戏剧表演的方法，在角色扮演中，人们能亲身体验他人的角色，因此能够更好地理解他人的处境，以此使人发现问题，了解问题的症结所在。

每个人都是天生的艺术家。这样的角色扮演在家里也可以运用。当家庭中的某一方感觉自己得不到其他成员理解时，可以邀请大家一起进行小型表演。不用在意演技，只要能够代入角色，体会所扮演的角色在剧本提供的情境下的感受、行为表现，就达到效果了。

在家庭中进行角色扮演，是全家一起合力解决问题的一个特别形式，并没有那么高深，同时还可增进家人间的情感联结。可谓一举多得。

提示：如果家长扮演年龄小一点儿的孩子时，要学习一些这个年龄段孩子特点的知识，这样才能更深入体会。

要不要试试看？可以记录下你家的一次角色扮演，记录下过程及每个人的感受，看看会有什么收获。

第5章

过度的教养：溺爱与放养

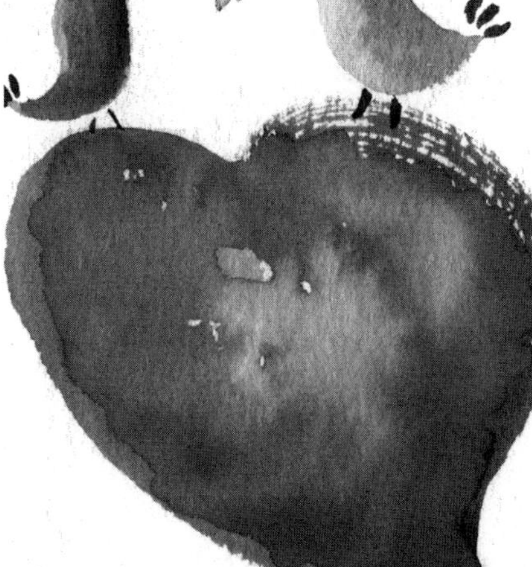

“我要去墓地和爷爷告别”

——接纳妈妈迟到的爱

高考是人生大事，考生的考前焦虑表现差不多，但内在原因不一，找到症结才好应对。

还有几个月，小米就要高考了。最近她特别焦虑，每天都睡不好，脾气暴躁。她主动要求心理咨询，妈妈陪她一起来了。

“我妈最近才开始学着当妈”

坐下后，小米直接对妈妈说：“你先出去吧，我想和老师单独谈。”

小米高三了，被妈妈提醒“记着喝水”，是个需要关注的细节。

“好的好的，小米，和老师好好谈，记着喝水啊。”妈妈忙不迭应着，走出房间。

“当妈妈的，孩子多大都觉得小呢。”我笑着说。

小米轻轻“哼”了一声，说：“我说我妈最近才开始学着当妈，您信吗？”

“信，”我点点头，“我见过各种各样的父母。父母也需要学习怎么做父母，有的学得早，有的学得晚。”

“好吧，看来我父母学得太晚了。”小米说。

听小米这么说，我的直觉告诉我，小米的焦虑也许和父母有关。

我想去看爷爷

小米不再说话，她低头沉思了一会儿，突然说："老师，你给我解解梦吧。"

"好，说来听听，我们可以一起来讨论讨论你的梦。心理学上的释梦，与大家知道的'周公解梦'之类的不一样，并不是说梦到什么具体的事物，会直接代表什么含义，更多是需要我们两个人一起来讨论。我这样说清楚了吗？"

"我说清楚了吗"这个句式，以一种谦卑的姿态来表达，相比起"你听明白了吗"会让对方感觉好一些。大家可以体会一下。

"嗯，我知道了。"小米说，"最近我经常做噩梦，总是梦到爷爷。比如昨天晚上，我梦到我在一个屋子里，周围什么都没有，突然就什么也看不见了，我蹲在墙角，怕得要命。后来房间灯又亮了，多了一张床，床上有个人慢慢坐起来，我看见他是爷爷，可好像又不是我熟悉的爷爷，他冲我笑，我又想过去，又很害怕，一急，就醒了。醒来后再也睡不着。类似这样的梦我最近天天都做。有时候梦见爷爷突然飘走了，有时候梦见他浑身是血，总之每次都很害怕地醒过来。"

经常梦到某一个人，通常会提示有和这个人的重要联系。

"哦，那难怪睡不好了。小米，爷爷现在的情况是？"我小心地问。

"爷爷去世一年多了，"小米的眼泪流下来，"最近不知道为什么，我特别特别想他，特别特别想。我想去看爷爷，可是我不知道爷爷的墓地在哪儿。"

我说："爷爷要是在老家的话，你不熟悉可能真的找不到墓地。"

"老师，不是的，我们都是北京人。我只知道爷爷的墓地在哪个区，具体哪个陵园都不知道。"小米哽咽着说，"他们从来都没有带我去过，连爷爷去世都是后来才告诉我的！"

"连爷爷去世都是后来才告诉我的"，这类的话我经常听到。说话的人通常充满了愤怒，没有告诉他的人却也是满腹委屈——你当时正在经历重要的事，怕影响你才不告诉你呀。真是两难选择。

小米说的“他们”显然是指父母。

“我听到了你的怨气”

我说：“小米，我听到了你的怨气。”

“怨气，是，我有太多的怨气！还有自责！”小米神色复杂地说，“我从小在爷爷奶奶家长大，三岁以前我对我爸没什么印象，那时我爸在国外工作，我就只能对着他的照片叫爸爸。我妈天天忙工作，根本顾不上管我。其实，我觉得他们根本不爱我，我在这个家是多余的。人家那些小朋友都和爸爸妈妈玩，我从来都没有过！我妈有忙不完的工作，我要和她玩，她总是把我支到爷爷奶奶那边。我爸回国后也是忙，对我来说，我俩比陌生人好不到哪儿去。我奶奶身体不好，总是无精打采地躺着，也不喜欢小孩子。所以，从小到大，我干什么都是爷爷陪着，我和爷爷太亲了，可是他生病走了我都不知道！”

这样就可以理解小米对爷爷的感情了，爷爷才是小米事实上的养育者、陪伴者，小米对爷爷有着深深的依恋，不可替代。

小米继续说道：“那时候爷爷生病住院，奶奶去姑姑家住了，我经常一个人住在爷爷家。我父母有时过去给我送吃的。我不想和他们住一块儿。那时我在准备一个全国大赛，本来和他们说话也不多，所以完全不知道家里发生这么大的事！”

“后来我知道的时候，像疯了一样地哭，他们都拿我没办法，他们也说过带我去墓地看爷爷，可是我又不敢去了，我怕爷爷不原谅我。再后来，他们就没再提。我脾气犟，他们不提我也不问，我就拼命学习，想着等我考上好大学后去看爷爷。后来他们每次去墓地扫墓我都不知道，到现在我都不知道爷爷的墓地在哪儿！”

“怕爷爷不原谅我”，成为小米的心结。

小米终于开始号啕大哭，边哭边喃喃地说：“可是我最近好想爷爷，以前也有过这样的梦，但没这么频繁。现在，我天天晚上都睡不好，白天没精神，这样影响到了学习，我还控制不住自己的情绪，总要发火。我也不想这样啊！”

“你愿意和妈妈改善关系吗”

我等小米慢慢平静下来，问她：“你刚才想讨论你的梦，谢谢你给我提供和梦相关的这些内容，你愿不愿意想一想，如果爷爷看到你现在的样子，他会怎么样？”

“他一定会很难过，”小米不假思索地说，接着又补了一句，“也许，他看我这么想他，也很欣慰吧。”

“是的，他如果能够看到你这么想他，一定会非常开心的。你愿不愿意去看看他，和他说说话？”我问道。

“愿意！”小米使劲点头。

“我明白了。我想去看爷爷，可是——”小米迟疑了一下，“我不想问父母爷爷的墓地在哪儿，我气他们当时连这么重要的事都不告诉我！老师，我这么跟您说吧，最近我妈不知道怎么了，突然转了性情，我觉得她天天讨好我，刚开始特别不习惯，现在慢慢好一点儿了。不过她确实很烦人，整天想着让我上名校。所以刚才跟您说的这些，我不想和她说。”

“小米，我有个问题，你想一想，先不用急着回答我。你愿意和妈妈改善关系吗？”我说道。

小米低头想了一会儿，像是下定了决心，猛地抬头说：“对我爸，我是不抱什么希望了，反正他也总不在家。我其实特别羡慕我的同学们，他们都有那么好的爸妈。我也想和妈妈关系好一些，但我觉得我还不能完全原谅她，我还气她

“如果离世的亲人能看到你现在的样子，他会怎么样呢？”这句话，我们常在哀伤处理时用到，以此来提示当事人，离世的亲人更希望他们能过得好。

小米的这种情况，在心理学上叫作未处理的哀伤。当时爷爷走的时候，小米没有机会和爷爷告别，对于她而言，这件事并没有随着爷爷的离去而结束，反而沉甸甸地压在她心里。那些梦境，是小米心境的反映。当然，这些梦之所以最近频繁出现，可能如她所说，最近特别想爷爷，也可能和她快要高考了，心情整体比较紧张有关。

小米最亲的爷爷去世了，她需要情感依托。最可行的就是改善与父母的关系。

以前不管我。”

抓住生活中“小的改变”，引导当事人朝向“大改变”的方向前行。

“你刚才说妈妈对你好，你现在已经习惯一点儿了。在我看来，好像你们之间的坚冰已经开始在融化了，是这样吗？”我问小米。

小米点了点头：“好像是。”

只要愿意尝试，就是行为发生改变的第一步。

“我们试着和妈妈一起谈谈，看看怎样能让你们之间的关系往前走一走，可以吗？”我说。

“老师，我，我不太习惯。”小米迟疑道。

“我们试一下，如果一会儿觉得特别不舒服的话，你可以告诉我，或者你全程都可以不说话，没问题的。”我说。

小米同意了。

“谢谢你给妈妈这样的机会”

小米妈妈得知要和小米一起谈，很惊喜，连连说：“谢谢老师，谢谢您给我们提供这样的机会。我很想和小米好好谈谈，以前我做得不好的地方想请她原谅，但是她不给我机会。”

创造机会让妈妈直接向小米表达，目的是让她们在咨询室练习当面表达，以便在生活中熟练运用。

“你可以直接感谢小米，是她同意，我们才能有这样的机会的。”我说。

小米妈妈眼圈红了，对小米说：“孩子，谢谢你给妈妈这样的机会。”

小米低着头，没有动。妈妈求助地看了我一眼。我说：“小米最近的状态和她想爷爷有关，我想，也许关于这方面以及你们的关系，你可能有些话想和小米说，你可以试着直接对小米表达。”

小米妈妈对着我说：“小米爷爷的事，我很后悔，那个时候，我们没想那么多，只想着不要耽误孩子比赛，而且爷爷病了那么久，以为她心里应该能接受，没想到一念之差，孩子在这件事情上就是过不去。”

直接向谈话对象表达自己的情感，是很多人不习惯的，然而却是相当重要的。

我提醒妈妈：“你试着直接对小米说。”

妈妈转向小米，刚开始有点儿不习惯，说两句就看我一眼，后来慢慢习惯，表达流畅起来。

妈妈对小米说：“小米，妈妈对不起你。爷爷的事是爸爸妈妈没站在你的角度考虑。我们也不知道怎么补救。以前妈妈年轻时事业心强，还没有做好准备就怀孕了，再加上你出生时你爸爸不在国内，我一个人带不过来，所以你生下来就交给爷爷奶奶带了。那时处于事业上升期，我只顾着自己的事业，没怎么管你。你学习又好，我们觉得很省心，就除了给你报各种课外班，一直也没怎么好好陪你。”

“我和你爸爸，都是高智商低情商，我们以前从来没想到站在你的角度去想想。现在，妈妈工作换了岗位，压力没有以前大了，觉得和你的关系不亲近是个问题。以前没想过这些，后来和同事说了，她提醒我后，我就开始慢慢改。可是到你那里一碰钉子，我就慌了，不知道该怎么办。这些话早就想和你说，一直没有机会。也不知道我们怎么做，你才能原谅爸爸妈妈？”

小米听到这里，踢着沙发脚，喃喃地说：“说不出来你不会写吗？我从小就记得你天天写写写。”

虽然还是气话，小米主动提出解决方案，已经开始原谅妈妈了。

小米妈妈听到这句话，眼泪哗一下流出来，声音颤抖着说：“小米，妈妈在这件事情上情商和智商都是负数啊。你愿意原谅妈妈吗？妈妈原来不会爱你，现在正在学着怎样好好爱你，你不会嫌晚吧？”

小米不说话，一下一下地踢着沙发脚。过了许久，

“哇”的一声哭出来，边哭边说：“要不是老能看见你们，我都觉得我是个没爹没妈的孩子。你知道小时候天天放学都是爷爷接我，看到人家别的同学家长来接，我多羡慕吗？你知道我上课外班，人家别的家长接送不说，有的还坐在教室后边听，回去要给孩子讲，你知道我多羡慕吗？……”

小米哭得上气不接下气，我示意妈妈过去抱抱孩子。妈妈过去时，小米挣扎了一下，声音小了一些。两个人哭作一团。小米发泄完了，很自然地把头靠在妈妈身上。

母女俩等这一刻可能都等很久了。

小米妈妈问：“小米，你愿意原谅妈妈吗？”

小米没有说话。

“妈妈可以再给小米一点儿时间，毕竟这是困扰了孩子很多年的问题。”我问小米，“那么，你愿意让妈妈带你去爷爷墓地吗？”

小米有点儿不好意思地点点头。

对于小米来说，没有与爷爷告别，是她的“未完成事件”，她必须要认真地完成这个告别。

我说：“去的时候妈妈可以给小米一点儿空间，让她和爷爷好好说说话。”

妈妈连忙说：“没问题，没问题。”

学着改变的妈妈

第二次咨询，小米没有来，妈妈说，小米在爷爷墓地大哭一场，把这一年多来自己的成绩单什么的都烧给爷爷了，回来后心情平静很多。她让妈妈向我转达，她不再做噩梦，暂时不来了，要安心备考。

妈妈强烈希望学习怎样和这么大的孩子相处，因为她发现自己不太会用力，由于小时候没太照顾孩子，现在有时候做得有点儿过，孩子会反感。

第一次咨询时提醒小米喝水，就是妈妈不太会用力的一个表现。她的确还需要学习怎么和小米相处，怎么给小米恰当的爱。

后边的咨询变成了对妈妈的咨询。爸爸一直没有来。不过我想，有妈妈的爱，对小米来说已经比以前幸福很多。一切都要慢慢来。

想对父母说的话

孩子从小不是由父母抚养长大，与父母的关系自然会疏离。

小米虽然从小没有足够的、来自父母的爱，所幸有爷爷无微不至的爱的陪伴，这对小米来说也算是一种补偿，让小米并不是完全缺爱。

通常而言，问题的呈现，其实预示着出现了解决问题的契机。小米由于在爷爷去世时没有和爷爷告别，压抑的情绪没有得到宣泄，转化成梦境，从而引发焦虑。由此引出亲子关系的问题，是偶然也是必然。

不过幸运的是，小米的妈妈意识到了问题，已经开始主动改变。两个人的冷漠关系出现松动，一切开始往好的方向发展。

练习：“共度特别时光”

随着孩子的长大，父母与孩子在一起的时间会越来越少，尤其当孩子进入青春期，他可能更希望与小伙伴们待在一起，而不是与父母在一起。

所谓的“特别时光”，就意味着要在特殊的时间做一点儿特殊的事，换言之，也就是有一段更高效的亲子时光。可以是每天10分钟，也可以是每周一小时，时间随意，重要的是坚持，将这样的陪伴变成一种习惯。

在这样的特别时光里，没有管教，没有指责，像孩子的同龄朋友一样。坚持，看看你的亲子关系有没有改变。

你也许可以和孩子一起：

•每周打一次羽毛球。

•一起做饭。

•一起计划一项活动。

____

____

____

尽情发挥你的聪明才智，让亲子的特别时光更精彩！

“我怕寄宿家庭的爸爸”
——小留学生的焦虑

小海是个在国外读高中的小留学生，最近因为抑郁状态回国。很快，一个月假期就要过完了，归期渐近，小海天天晚上睡不好，心烦意乱，看不进去书，他的焦虑又加重了。

很多人的抑郁状态多伴有焦虑。

妈妈带他来寻求帮助。

小留学生的焦虑

小海主动提出要单独和我谈。我了解到，他在国外的学校里做过两个月咨询了。小海说，那个咨询对他来说帮助并不太大，觉得咨询师不能理解他，他感觉有文化上的差异。

文化差异对于留学生是重要议题。

我请小海来谈谈他在国外的适应状况。

小海避而不谈，他说，要先讲讲他最近在家的感受。

小海的妹妹在国内上小学，小海说，他非常喜欢妹妹，只有和妹妹在一起，他才会有爱的感觉。

看到我略带疑问的目光，小海解释说，他也爱爸爸妈妈，但他的爱已经被爸爸的专制、妈妈没完没了的唠叨以及爸妈之间无休止的争吵磨掉了。

小海拿了一只小鸡玩具代表妈妈，一只大熊代表爸爸，自己和妹妹则用两个正常男孩和女孩来代表。他在桌上摆了全家四口的日常状态。他和妹妹站在一起，与父母之间有一段距离，父母则是面对面站着，他说，父母是在针锋相对。

小海指着那只玩具小鸡说："我妈就跟这只鸡似的，天天叨叨叨，我爸，是熊，狗熊！脾气那么差，家里什么事都想他自己说了算！两人一起办公司，天天上班的事还要拿到家里来吵，真是超级烦！"小海愤愤地说着。

我问道："在家的感觉比起在国外的感觉呢？"

"好歹这是我自己的家"，一句道出了小海隐含的心酸。

小海不假思索地说："当然还是家里好一点儿，虽然家里乱糟糟的。刚回来时，他们对我好了几天，后来又开始不耐烦了，但好歹这是我自己的家，有自由。"

他的神色黯淡下来。

寄宿家庭的爸爸就"像狼一样"

小海告诉我，他初中毕业后去国外读高中，刚去时爸爸陪伴了一个月，然后就自己一个人住在寄宿家庭了。

他在国外语言、功课都没有问题，就是不知道怎么和同学相处。这部分在国内时就是短板，这方面还没有调整好，更大的困难来了，那就是与寄宿家庭的关系。

小海在国外寄宿家庭中的爸爸是个健谈的叉车司机，他有三个孩子，和小海在一个学校。这是个典型的美国蓝领阶层的家庭，他们非常重视家庭氛围，更希望孩子们开心快乐，对学习成绩的好坏不很在意。每天他们一家人在一起，开心地聊天、玩闹，都要邀请小海一起参加。

小海生性好静，并不喜欢太热闹的场合，而且也觉得父母花钱让自己出来上学，自己一定要争气。受中国传统教育影响长大的小海，非常自律，他对自己有很高的要求，希望自己在学业上能够出类拔萃，所以一放学就在自己房间看科学杂志、写作业、摆弄计算机。

最初，小海出于礼貌和大家在一起聊天、玩，渐渐地，觉得这样有些浪费时间，每天的这个时刻变成了负担，就不太愿意出去了。

寄宿家庭的爸爸非常不理解小海的行为，他认为小海不合群，当小海鼓足勇气说了自己的想法后，他还是不能理解，并且表现得不太开心。

这样，整个寄宿家庭的气氛变得怪怪的，大家都觉得问题出在小海身上，觉得他是个怪人。小海也越来越不爱说话，在家吃完饭就回房。寄宿家庭的爸爸有时会去接孩子们放学，那个时候，从学校到家的那段车程，对于小海也变得特别漫长。

文化差异及个体价值观差异在这里表现得非常明显。

小海在学校日渐沉默少语，不愿意和同学交流，不愿意参加学校活动，经常发呆。老师推荐他去做心理咨询。情况并没有太多改善。渐渐的，小海入睡变得困难，食不甘味，人很快消瘦下来，只好回国休息一段时间。

我见到的小海是愿意表达的，和他所描述的“沉默少语”不太能联系上。我把我的这种感觉告诉了他。

小海说：“我平时是话少，国内有几个朋友，但这次觉得突然回家这事很丢人，也没和同学联系。最近在家里憋坏了，没处说话，所以就在您这儿巴拉巴拉说这么多。”

“其实人人都有表达的需求。”我笑着说。

“是的。不过很多时候我就是不愿意说话，可能是谈话对象不对路。”小海说道，“寄宿家庭的爸爸聊的那些我兴趣也不大，他吧，还老让我和他们在一起，老教育我要和他们一样，弄得我一听他说话就紧张。”

寄宿家庭爸爸的热情给小海造成了很大压力。

小海说，回国的这段时间，寄宿家庭的爸爸也会在网上留言询问他的情况，可他还是很害怕和那个爸爸交流，甚至都不愿看发来的信息。实在需要回复，就让自己的爸爸代劳。

小海说着，顺手从架子上拿起一只狼的玩具："那个爸爸就像狼一样，让我不寒而栗。可是也没法换寄宿家庭，相比起来他还算好的。一起出去的中国同学也有因为不满意换了家庭的，有的还不如原来的，我也不敢随便换。"

小海说完，好像用光了所有的力气，他像软面条一样瘫软在沙发上，年轻的脸上愁云密布。

"小留学生在外边的生活实在是没有别人看到的那么风光啊。"我叹道。

小海突然用手背抹了一下眼泪。

"我内心的脆弱谁能理解"

"你现在的情况，爸爸妈妈怎么看呢？"我问小海。

"他们没说什么，就说不成的话就回来，我好不容易出去，再回来我觉得根本不可能。所以我还得按时回去上学。"小海有气无力地说。

"哦，你自己怎么看你的状况？"我问道。

"一点儿也不好，想到要回到那个寄宿家庭，我心里就紧张，对回学校后的生活也充满担心。"

从小海的表述来看，我初步评估他是由于无法应对人际关系的困扰，又没有得到有效的帮助，因此陷入恶性循环，导致出现今天的局面。

我想小海需要人际关系方面的一些技能训练，同时还需要来自父母的支持。

小海的妈妈是位干练的职业女性，她说小海刚回家时情绪不太好，她和爸爸做了很多努力，带孩子出去旅行散心，后来好转了很多。只是最近又开始焦虑，他们也不知道为什么，没什么好办法，只好来求助心理咨询师。

我想观察一下他们母子的交流方式，可是小海不愿意。他说心烦，不想和妈妈多说这方面的事，他宁愿在外边等着。

妈妈很担心小海的状况，却表示无能为力，公司的事情走不开，小海妹妹又还小，家里人没有办法出去陪读。这次就是想让小海再去试一下，如果还是不行的话，那直接回来上国际学校，读完高中再说。

对于小海的困难，妈妈并不太能理解。她说："他初中上了个一般的学校，不满意，闹着要高中出国。不过孩子倒也努力，我们真没在他身上费什么心。出去后钱方面也放得挺宽的，没想到出国后出这种事！我看别人家的孩子都适应得挺好的，这孩子怎么这样呢？就是一寄宿家庭的爸爸，有什么可怕的呢？真想不明白！现在他这个样子，我们也不敢说他，真是愁人！"

这时候家长也很无助，不知道该怎么办。

小海妈妈也有很多情绪，她沉浸其中，那是充满矛盾的情绪，有心疼，有无奈，有不解，甚至还有愤怒。

难怪小海不想在家里说话。除却爸妈的争吵，并没有人真正理解他内心的脆弱。

用心去听孩子说话

小海妈妈急着问我怎么办。

我告诉她，也许她只需要认认真真地做一件事，自己就会有答案。可是这件事对于她来说，并没有那么容易。

“如果真的对孩子有帮助，再困难我也要试一试”，家长对孩子的爱总会以这样的方式表现出来。

小海妈妈说：“我不怕困难，如果真的对孩子有帮助，再困难我也要试一试。”

我请她这一两天找个时间，找个安静的适合谈话的空间，好好听小海说说话。

小海妈妈很疑惑：“听小海说话？”

“对！用心去听孩子说话。听他讲在国外的经历，尤其是那些让他不开心的事。用心去听，就当你是他，用心去体会，不要评判，更不要指责，只要听就可以。”

“只要听就可以？”她重复了一下。

“对，只要听就可以。如果你觉得困难，怕不好控制自己的评判性语言，你可以试着不说话，只点头表示听到就好。”我说。

“好——吧。”小海妈妈有些迟疑，“这个任务好像并不那么好完成。不过我倒是可以努力，可是孩子会和我说吗？他不太爱和我说话，总嫌我烦。”

“努力试试吧，我相信只要你真诚地邀请他，他会愿意说的，毕竟你是他的妈妈。”我笑着说，“不要忘了真诚地表达哦，表达你对他的担心和心疼。”

“好，那就试试看吧。”小海妈妈说道，“您刚才说只要认真做这件事，可能就会有答案，可是我还是心里没底。”

“不要紧，无论怎样，我想你先试一下，试完后下次我们再来讨论。”我说道。

自己就会有答案

几天后，两个人又来到咨询室。

这一次，小海没有拒绝和妈妈一起咨询。

小海妈妈迫不及待地开口，说："老师，我终于明白您说的'自己就会有答案'这句话的意思了。"

小海妈妈是个雷厉风行的人，上次咨询后的第二天，她没有去上班，特意和小海长谈了一次。她说她一直在提醒自己几个词：真诚、用心、不评判、认真听。小海并没有执拗，一点点给妈妈讲，两个人哭得抱成一团。

小海妈妈说："那真是一次神奇的体验，撼动内心。我其实从来不知道和儿子可以这样交流。这两天我想了很多，我在想，我和他爸爸的交流方式就是从不听完对方说什么，就开始发表意见，然后就开始争执。我们的家庭气氛总是一团糟，我也苦恼，但好像习惯了，也没有要去改变的想法。"

"这样的家庭氛围会不会影响到孩子呢？"我说道。

父母是孩子的第一任老师，孩子的很多技能都是从家庭中学来的。

"我想一定会的，我觉得孩子都没有从父母这里学到怎么和人好好相处。"小海妈妈懊恼地说。

我用探询的目光看着小海。

"就是，我有时不爱说话，就是害怕和人发生冲突，怕我说话说不好，就会像他们那样吵起来。要是吵架我可不在行，所以还不如少说话或者不说话，可是这样别人就会觉得我怪，有毛病。"小海说。

"唉，是啊，小海脾气和我们不一样，他喜欢安静，上初中时，因为学习好，又总喜欢自己在房间里捣鼓些小玩意儿，大家都觉得挺好，不像别的孩子似的成天找机会在外边比起那些一直对孩子管得很严的家长，小海的父母走了另一个极端——撒手不管。小海还没有长大到可以撒手不管的地步，他还需要很多来自家庭的支持。

玩。”小海妈妈继续说道，“这次和孩子谈完后，不，其实是认真听完孩子的话后，我才真的意识到，寄宿家庭的事给孩子带来这么大的痛苦，想想看，换作我是他，我觉得我都坚持不了这么久。我们这家长当得惭愧啊，以为孩子大了，就撒手不管了。”

“从一个局外人的角度看，寄宿家庭爸爸的做法本来也没有错，在他们的文化中是很正常的，只不过当两种文化相遇时，过于热情的邀请，传递到孩子这里，被接收成了一种‘强迫参与’，会带来很强的压迫感。本身孩子到了一个新阶段就需要适应，再加上到了另一种文化氛围下，适应难度会更大，甚至平时可以承受的压力会被放大。”我说道。

“是的，是的！”这次，妈妈和小海一起点头表示同意。

让孩子不再觉得孤立无援

“这次和孩子有这样的交流，我的体验特别深，我和他爸爸沟通了这事，破天荒地，我俩没有吵，可能和我自己克制有关吧。”说到这里，小海妈妈咧了下嘴角，“爸爸也觉得很神奇，我不吵了，好像他也觉得没必要吵了，我们就一起好好商量。我们想尽快安排好公司这边的事，我要照顾妹妹，走不开，让爸爸再去陪孩子一段时间。这边实在有事需要爸爸，那他就辛苦些多飞几趟吧。寄宿家庭那边我们会想办法，至少陪伴孩子到他能完全适应。”

我看了眼小海。他一直安静地听着，眉眼里有忍不住的笑意。

我告诉他们，他们所进行的那个体验，其实就是一个关于倾听的训练，恭喜他们领略到倾听的魅力，并且能够付诸实践。

当妈妈能够倾听孩子的内心时，就能真正理解孩子，让孩子不再觉得孤立无援。

而对于小海，他性格安静，是个天生的好的倾听者，他所需要的人际交往技能的学习，更多偏向于如何表达。

小海说和我一起工作让他觉得很放松、很舒服，他非常希望在我的帮助下来调整自己。

小海如期回到国外的学校。由于时差等问题，我和他暂时无法直接进行网络咨询。随后我们采用了邮件咨询的方式，咨询重点放在解决他人际交往中的困难。

咨询可以有多种形式，不过当面咨询效果最佳。如果实在不行要用其他方式，尽量还是要当面咨询至少一次，这样对建立信任的咨访关系有很大帮助。

随着时间的推移，小海在邮件中提到的困扰越来越少，他告诉我，他老爸很有本事，不知怎么就凭借蹩脚的英语和寄宿爸爸玩到了一块儿，有了老爸这个缓冲，慢慢地，他发现寄宿爸爸其实也没那么可怕。当他这么想时，还会觉得这个爸爸有些可爱，原来那些让他觉得是负担的问题已经变得不那么重要了。

而且，让他很开心的是，在和我的咨询中他学到了很多关于表达的小技巧，现在他好像不那么怕表达了，在学校还结交了两个有相同爱好的外国朋友，他们三人甚至想到要一起创业。

我似乎看到这个孩子那忍不住的青春的笑。

想对父母说的话

高中就独自出国求学的小留学生，面临的所有困难都需要自己来应对。于他们而言，既要适应新的人生阶段，又要适应文化完全不同的异国生活，难度可想而知。父母除了金钱的支持外，还要学习在心理层面去支持他们。帮助他们应对改变，融入环境，是个重要议题。

作为父母，当孩子遇到困难时，首先要做的是用心去听——真诚、认真地听，就当你是他，用心去体会，不要评判，更不要指责，只要听就可以。这也是父母给予孩子的最重要的爱和支持。很多时候，用心去听后，自己就会有答案。

练习：倾听练习

倾听和被倾听是我们所有人每天都需要的“重要的心理营养”。遗憾的是，很多人在生活中却缺少这些养分。

倾听并不只是用耳朵听，更是用“心”听。

试试看，当你的孩子跟你说一件事情时，你可以闭上嘴巴听，以此来避免说教或者去主导这次谈话。当然，你要有回应，可以有“嗯”“我明白了”之类的话语，更重要的是非言语行为（点头、坐姿、眼神、面部表情等），非言语行为的运用，即便一个字不说，也能表述出很多。孩子读得懂。

神奇的事也许会出现：当你少说时，孩子会有很多话说。那时，你会更明白孩子的内心世界。

“我的世界就是一片灰”

——溺爱背后的伤害

小薇考入了一所重点高中，高一才开学两个月，她就变得非常烦躁，常在家里无缘无故地发脾气，还总把自己关在房间里哭泣。

小薇妈妈心急如焚，带着小薇来到咨询室。

“妈妈，你为什么要这么体贴”

妈妈有50多岁的样子，看起来很能干，小薇娇小可爱，脸上有一些青春痘。母女俩分别坐在两个单人沙发上。

小薇还没有开口，眼泪就流了下来。她问我：“老师，心理咨询真的有用吗？我太痛苦了。”

我还没来得及说话，妈妈主动接过话，说：“老师很有经验，你心里有什么事就跟老师说说，要是我在你不方便说，我就出去。”

“妈，你为什么要这么体贴，你越这样，我心里越难受！”小薇却瞬间情绪爆发，哭喊起来。

小薇妈妈有点儿懵，手足无措地看着我，想起身移向小薇那边。

我示意妈妈别动，轻声对小薇说：“心里有什么难受就孩子已经表达了对妈妈过往的一些关心方式的不满，在找到更合适的方式之前，妈妈可以考虑先停一停。

说出来吧，我们一起来想办法。”

小薇双手捂着脸，几乎要把头埋在两腿间，又哭了一会儿。妈妈已经如坐针毡。我还是示意她不要动。

突然，小薇像下了很大决心一样，捶着沙发，哭着说：“妈妈，我恨你！”

咨询室的气氛一下降到了冰点。

小薇妈妈愣了一下，眼泪流了下来。

“我现在这个状况，都是我妈造成的”

我试探着叫了一句：“小薇？”

小薇抬起泪眼看着我：“好，我豁出去了！”

小薇抽抽搭搭地告诉我，前一天她又非常不开心，老师让大家各自组队准备一个任务，女生们都呼朋引伴地组了队，就剩她自己一个人，没人愿意和她一队。后来老师把她安排到男生队里去了。她听到女生们悄悄地说她有“公主病”，不愿意带她玩。

“我说我在班里人际关系那么不好，老感觉融不进集体，原来他们背后说我有公主病！我想了想，这不全赖我妈吗，不都是我妈给我惯的吗？在家里做什么事情都依着我，从来都不拒绝我的要求，现在我都适应不了学校！”小薇愤愤地说。

一边是孩子的恨，一边是父母的委屈。让孩子一门心思好好学习，将来能有好的未来，却换来这样的结果，问题出在哪里？

“所以，这就是你刚才说恨妈妈的原因？”我说道。

“是，我恨我妈，我现在这个状况，全是我妈造成的！”小薇说。

小薇妈妈开始抽泣，尽力压抑着哭声，声音颤抖地说：“小薇，妈妈听了你这话，真是死的心都有了。我含辛茹苦把你带大，就换来你这么想？”

小薇的哭声又大了起来。

小薇妈妈说，她经过好几次流产，年纪很大才怀上小薇，一直把孩子当成自己的命根子，就像老话说的那样，捧在手里怕掉了，含在嘴里怕化了。丈夫生性木讷，家里家外全靠她一个人折腾。

“小薇从小学习好，也很乖，左邻右舍都夸她是个好孩子。我想我这半辈子辛苦也不白费。没想到上了高中后，她突然像变了个人一样，我以为孩子遇到什么不开心的事不想给我说，那就给她找心理老师吧。万万想不到，孩子原来是在怨恨我！”小薇妈妈说完，像耗光了力气一样，仰头靠在沙发上，任泪水默默地流。

孩子出现问题，需要帮助的不仅是孩子，这些爱孩子但又束手无策的父母也同样需要支持和帮助。对父母付出的一句肯定、一句温暖的话语，不但可以慰藉他们的心，更能够赋予他们克服困难的勇气和决心。

“可怜天下父母心，孩子长这么大，不容易啊！”我说道。小薇妈妈长叹了一声。

“我现在的世界就是一片灰”

我转向小薇，问道：“小薇，听到妈妈刚才说的这些，你有什么想说的吗？”

小薇泪眼婆娑地看着我，说：“这些我都知道，我妈也都说过不止一次了，我知道我妈最爱我，可是我又忍不住怨她。我整天的生活只有学习，参加各种课外班。在原来的学校因为学习好，老师喜欢我，也有些同学跟我一起玩。不过后来不知道什么原因，朋友就越来越少，我跟我妈说，我妈说没事，让我好好学习，争取考到好高中，到好高中后会有更多高素质的朋友。”

小薇抽了抽鼻子，继续说：“我是考上了好高中，可是你的孩子有没有朋友？孩子和朋友闹矛盾了怎么办？孩子没有朋友怎么办？……关于朋友，关于人际关系，是每个孩子成长过程中都会遇到的课题。孩子在人际关系方面如果出现困扰，家长尽可能早点儿了解，想办法帮助孩子。

没想到我根本融不进同学圈子，他们有些人原来就是一个初中直升上来的，关系本来就好；外校考来的同学有些也很快和他们打成一片，我就不行。我现在想想，自己不会处理人际关系，不会说话，任性，老想让别人事事以我为中心，人家都不愿意和我一起。以前和我关系不错的那几个初中同学人家都有新朋友了，大家不在一个学校，也不在一起玩了。我好孤单啊。”

“是啊，年轻人都愿意和朋友在一起，没有朋友，就好像世界失去了颜色一样。”我说道。

“是的是的，老师！我觉得我现在的世界就是一片灰，所以我心里烦得不行，又不知道该怎么办。跟我妈说，我妈也帮不了我。”小薇渐渐停止了抽泣，急切地看着我。

“妈妈帮不了你，所以你就开始怨妈妈。”我说道，“我注意到刚才说到妈妈时你换了个词。”

小薇抬起头疑惑地看着我。

“你把‘恨’字换成了‘怨’。”我轻轻地说。

小薇妈妈这时也坐直了身体。

小薇叹了口气，说：“我刚才说完就后悔了，尤其是再听到我妈说她的不容易，我也没有那么没良心。我觉得我不是恨她，是怨她，怨她没有给我好的教育。”

小薇妈妈好容易止住的眼泪又流了下来。

把“提供帮助”变成“合作解决困难”，孩子的参与度会更高。家长在帮助孩子处理一些困扰时，也可以尝试这种提法。

我说：“小薇，听到你这么说，我很感动。这些情绪本身没有问题，是你内心感受的表达。不过过于激烈的用词，妈妈可能有些接受不了，你能很快进行调整，我觉得你悟性挺高的。这样我对咱们一起合作解决你的困难就更有信心啦。”

小薇点点头，期待地看着我。

“老师，我是溺爱孩子，我也知道孩子这样我有问题，可是孩子不说，我真想不到能给孩子带来这么大的困扰。您快帮帮我们，看看我们怎么改。”妈妈不知不觉已调整了状态，急切地说话了。

表达是多么重要！孩子不说，家长是不会知道的。不过，怎样能让孩子主动来表达，家长还是需要好好练练内功的。

“我可以改变自己”

“不要急，我们慢慢来。重要的是我们坐在这里，改变就已经开始了。”我微笑着说。

“小薇，我想和你讨论一下对妈妈的‘怨’。十几年过去了，妈妈一直对你呵护有加，现在你对她的过分呵护有怨气，可是时光无法倒转，我们无法从头再来一次人生了。”我停顿了一下说，“要改变现状，你打算怎么办呢？”

小薇轻轻地“啊”了一声，说：“我没想过呀。”

“现在想想也不算晚。”我说。

小薇沉默了一会儿，摇摇头：“好矛盾，又怨她，又爱她。怎么办啊？”

“爱她是不变的，怨她可以想办法改变。”我说道。

“嗯？”小薇看着我。

我微笑道：“答案就在你身上。”

小薇又沉默了。

过了一会儿，她试探地说：“您是说我可以想办法改变自己？”

“就说你悟性高嘛！”我冲她竖了个大拇指，说，“妈妈因为爱你，采用了不太妥当的教育方式。当妈妈对她来说是第一次，所以她也需要学习。而对于你来说，随着年龄的增长，你也需要对自己的社会能力进行提升，这方

在孩子看来，问题的根源都在妈妈。此处引导孩子为自己负责任，让她知道自己也要参与到成长过程中来。

面就不能全靠家长了。不然就永远长不大，永远是妈妈的小宝宝喽。”

小薇被逗笑了。妈妈的神情也轻松起来。

小薇妈妈说：“我们家她爸爸不管事，以前也说过我几回，说我惯孩子太厉害了。说几回被我怼回去了，后来他就不再说了。我家确实是，事事以孩子为中心，孩子不会考虑别人感受，她也没那个意识。我们习惯了，不觉得什么，可人家同学们谁受得了她这个，将来到社会上也一样啊，谁忍她这个毛病？其实，我也意识到了，但觉得还没那么严重，想着等她再大些，经历的事多了，自然就会改了。没想到这么快问题就来了。”

“幸好现在发现问题了，我们从现在开始调整，也不晚的。”我说道。

我请她们从家庭生活中选取几个常见的例子，我们一起来商讨下次发生这样的事时，妈妈怎么做比较恰当，女儿怎么做比较恰当。母女俩很认真地参与讨论，主动提出改进方法。

改变一直以来惯常的模式，任何人都会有不适感。

我对小薇说：“以前你是家里的小公主，想怎样就怎样，现在开始有变化了，也许你会觉得不舒服。”

“老师老师，我现在都明白了。只有在家里学会考虑到别人的感受，才可能在外边考虑到别人的感受呀。我不怕不舒服，我一定要好好改变。”小薇转过头又对妈妈说，“妈，你要提醒我。”

“可以是‘请’妈妈提醒，这样似乎比‘你要提醒’更舒服点儿哦，你仔细体会一下。”我提醒小薇。

“是哦是哦，老师说话真艺术啊！我要跟着您好好学习怎么说话，怎么与人保持好的人际关系。”小薇高兴地说。

“好，那你再来对妈妈完整地说一遍，在实践中体会一下。”我邀请小薇再说一次。

掌握一种新技能，要有意识地让孩子先练习几次，然后在生活中试着运用，循序渐进。

“那我正式说一次吧。”小薇起身站到妈妈面前，“妈，我要是没注意，还和以前一样以自我为中心，请您提醒我。”她认真地说着。

妈妈站起来时，抹了一下眼泪，连连点头，说：“好，好，也请你提醒我，咱们互相提醒吧。”

“对，互相提醒。”两人拥抱在了一起。

那一刻，我的眼睛也有些湿润。

以后会越来越好

第二周，小薇和妈妈一起过来时，神态已经轻松了一些。我们一起回顾了过去的一周她们的改变，对出现的问题进行修正，并再次对所用方法进行了巩固。

此后就是针对小薇的个体咨询了。我们从和同学交往的小事开始讨论，小薇学习、思考、练习，举一反三。她说，自己调整后，神奇的事发生了，好像同学们也不那么讨厌她了。

有一天，小薇很开心地告诉我，邻桌的女生邀请她周末一起去玩“密室逃脱”，去了之后，她和大家一起想办法，破解了关键的一个环节，大家都击掌相庆。后来她们一起去吃小吃，开心极了。

小薇满脸喜悦地告诉我，这是她上高中以来最幸福的一天。

我笑着告诉她，以后会越来越好。

想对父母说的话

不知道你听没听说过一个叫“父母皆祸害”的网络讨论小组？这个小组拥有十多万成员。单听名字就知道，这些成员在成长的过程中对父母有很多的怨抑或是恨。

每一对父母都是爱孩子的，但却不知道爱的背后也藏着伤害。父母的角色，都是从没有实战经验开始的。初为父母，只能参照自己原生家庭的经验、参照自己的人生经历等来尝试，在不断试错、犯错中积累经验。

父母不懂得如何给孩子恰当的爱，使用错误的方法爱孩子，带给孩子的不但不是滋养，反而会让孩子的心灵伤痕累累。有时候疗愈受伤的心灵，是需要孩子付出很大代价的。如果父母能够在亲子生活中不断提升反省能力、爱孩子的能力，孩子的成长之路也许会走得更加顺畅。

当然，如果孩子一味地将自己的问题责任指向父母，将负面情绪指向父母，而忽略了自身调适的能力，也是不可取的。小薇最初也是这样的心理。她把自己遇到的困难都归结为妈妈的问题。父母固然有这样那样的问题，不过我们不妨从另外的角度来看一下。努力做到客观，不横加指责某一方，才是问题解决之道。

练习：“边界”小练习

边界是一个明确的概念，原意指国家与国家、地区与地区之间的界限。

引申到家庭中，很多时候都是因为边界不清或边界的“度”引发问题。

做个小练习：

用圆圈表示家长（P）和孩子（C），请家长和孩子分别画出亲子关系图。

画完后交流一下，你们画的是以下哪一类？家长和孩子画得是否一样？

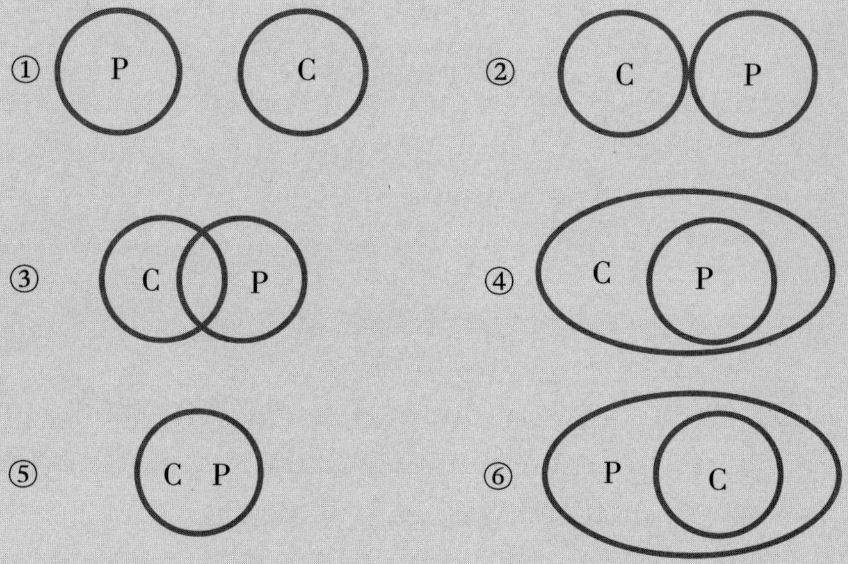

趁此机会进行讨论，看看你们的边界有没有存在问题？如果有问题，从意识到的那一刻开始调整，一点儿都不晚哦。

“我家没有夸赞，只有指责”

——改变从练习表达开始

小田在咨询室里哭得上气不接下气。刚刚过去的40多分钟，她都在讲春节期间那件让她伤心欲绝的事，以及由此引出的对父母的控诉。

对父母的控诉

这是上大学后的第一个寒假，没有高考压力的小田，本想很惬意地享受这个假期。没想到，春节里某一天发生的事，让她情绪几近崩溃。

事情的起因只是一件小事，那天家里有很多客人，父母碍于面子，当着众多亲戚的面训斥小田，说她“不懂事”“作”，小田觉得自己已经这么大了，还要当众挨训，面子上挂不住。好容易挨到客人走后，她开始在自己房间里哭，哭着哭着，往事涌上心头，想起父母长久以来对自己的不关心，小田越哭越难过。

小田说：“我爸走过来吼了我几句，又转身走了。我觉得积压太久的东西全都爆发出来，我情绪失控，感觉不到家里的一丝温暖。那一刻，我真的生无可恋。”

“生无可恋”，一个孩子说出这样的话，让人心疼。

“我一直哭、一直哭，哭得气都上不来了，我怕吵着邻居，就憋着嗓子，从鼻腔里挤出声音来，那声音尖厉得我自己都害怕，我觉得我活不了了。后来我妈来了，她端来了我每天要喝的中药。也就是她的这个举动，让我还感觉到了一丝丝温暖。可是很快她就不耐烦地走了。我的心又掉入冰窟，我只好不断对自己说，不能做傻事，不能做傻事！”

“可是，老师，我太难受了啊，我在这个家里感觉不到一点点爱。我都坚持不到开学返校了。”小田悲伤地说。

哭过之后，小田慢慢平静下来。

“我没办法改变他们”

我问小田来咨询有什么期望。

小田茫然地摇摇头，说：“能怎么样呢，我也不知道，我也没办法改变他们。”

我说，要不要试着邀请父母过来，大家一起谈谈。

小田有些吃惊地说：“还可以这样？”

我说道：“可以的。你是家庭的一分子，表面看是你遇到了困扰，其实我想家里人都会有困扰，毕竟好的家庭气氛，是所有父母都愿意有的。”

小田想了一下，说：“好，我试一下，不过我妈可能能过来，我爸够呛。”

“没关系的，只要家长有人来，就会有帮助。”我说。

小田走的时候，我说：“小田，我必须要表达一下，刚才听你说你在极端情绪下还不断告诉自己不要做傻事，我真的觉得你特别了不起。很多人在极端状态下都无法保持冷静，我要给你点个赞！”我向她伸出了大拇指。

小田有点儿害羞，抬头看着我，问：“真的吗？老师，你说的是真心话吗？”

我看着她，很认真地点头：“真的啊，我就是这么想的，所以我要表达给你。”

小田眼里突然出现亮晶晶的东西，她说了声谢谢，冲出门去。

“你们根本不知道我还是个小孩”

第二次，小田和妈妈一起来到咨询室。小田妈妈看起来很朴实，她一坐定就说：“老师，我们家在郊区，我和她爸爸一直都比较忙，在孩子成长过程中没怎么照顾她。她很厉害的，从小学四年级起就开始独立上下学，不需要我们接送，周围邻居都夸她呢。可能也就是因为她一直没让我们操心，我们就忽略了对她的照顾。”

“邻居都夸我，你们只知道听这些夸奖满足你们的虚荣心，却不知道我当时一天天是怎么过来的。”小田说，“妈，我问你个事。你知道我真的很怕狗吗？”

小田妈妈愣了一下，说：“咱楼上楼下养好几只狗呢，你以前说怕，后来不说了。这么多年过去了，我寻思着你不怕了呢。”

家长有时候理解不了孩子的害怕，对于这样粗线条的家长，孩子也没办法，只好用自己的方式来面对困难。

小田眼泪汪汪地说：“这么多年过去了，我一直都怕！小学快毕业时，有一次楼下那只狗一直把我追到六楼，我怕得要死，你知道吗？我最早和你们说过怕狗，你们说小狗有什么可怕的，我说了几回你们不理，我就不再说了。可是你们知道那家邻居每天都正好是在我下学到家那段时间遛狗，我怕碰上他们，经常在附近的电线杆子后边等一个多小时！我要等人家遛完狗回到家，我才敢回咱们家！”

小田妈妈下意识地说了句："这孩子，你怎么不早说呢？"

"我说了有用吗？你们天天忙得顾不上管我，光说我懂事、独立，根本不知道我还是个小孩！"小田愤愤地说。

小田妈妈一时不知道说什么好，求助地看着我。

我问小田："现在念大学了，怕狗的情况有没有好一点儿？"

小田点点头："稍好点儿了，不过还是紧张，每次回家都观察一下敌情，然后快速通过。"

小田略带幽默的语言让我和她妈妈都不由忍俊不禁。

其实，有些家长是根本没意识到问题所在。当问题出现时，调整速度还是很快的。

小田妈妈连忙说："这回我知道了，我回去就问问楼下邻居他们都什么时候遛狗，你再回家避开那个时间段就行。还有，你也可以找我们一起回家，或者打电话叫我和你爸下楼接你。真不知道你这么怕。"她又说道："唉，我们也是粗心，没站在孩子角度想事情。"

这回轮到小田愣了，她看了妈妈半天，说了句："妈，刚才那话是你说的？我不能相信啊！"

"我家没有夸赞，只有指责"

我对小田说："妈妈一来就提到了他们对你的忽视，刚才这番话又让我们看到了她的反思和调整，我觉得这是我们改变之前状况的良好基础。"

小田和妈妈都重重地点着头。

我接着说道："前边关于怕狗的话题，我看到你们的沟通信息似乎有点儿不够明确，比如有些信息是对方并不清楚的，或者是表达的人没有强调，收到信息的人就不会重视。"

"是！我们说话都很简单、直接。"小田很快接话道。

"会不会有互相的夸赞？"我有些明知故问。

小田撇撇嘴，"从来没有！我很长时间都在怀疑，我是不是我爸妈亲生的。"她接着说道："老师，你知道吗？上次你说我特别了不起，我出门就哭了半天，我爷爷奶奶去世后，这几年我都没听人夸过我了。"

经常听到真诚夸赞、鼓励的孩子，内心得到的能量会很多，会有富足感。

"谢谢你给我回应，那确实是你应得的夸赞。"我转向小田妈妈，"听到孩子刚才这么说，你有想到些什么吗？"

小田妈妈有点儿尴尬地说："我们都在外人面前夸孩子，不当面夸她。当面夸不好意思啊，我们做不来的。"

"嗯，这种情况在很多家庭都存在的。咱们中国人大多比较含蓄，很多人不习惯。"我说，"夸赞也许做不来，那么对家人在一些事上所做的努力有没有过肯定？"

小田把头摇得像拨浪鼓，连声说："我家才没有夸赞和肯定，只有指责、挑剔。"

小田妈妈干涩地笑了，说："这么一说真是这样，我们家就是互相指责、互相嫌弃。"咨询室突然有几秒的安静。

改变从练习表达开始

小田妈妈啜泣起来，说："我在他们老田家伺候老人多少年，从来没有一个人当面说我好，总是嫌我这个做得不好，那个做得不好。刚才您这么问，我突然觉得很委屈。这些年我心里不舒服，好像也不太清楚问题出在哪儿。刚才想想，可不就是你做多少都没人认可你导致的吗？"

小田抽了两张纸巾给妈妈递了过去。

"是啊，谁都爱听好听的话，谁都希望自己被身边重要的人认可呢。”我说道。

“我们家人都轴，不会说话。其实孩子刚才说怀疑不是我们亲生的，我听了特别难受。我们爱孩子，都习惯通过直接做事情来表达爱，做了很多，但不说，不会表达，孩子需要时感受不到。”小田妈妈说，“就像他爸，每次去超市都专门去进口食品区给孩子买饼干，可他从来不说。”

这是全家都不表达造成的误会。每个人都按自己的理解来解读生活，却不知道三个人的理解有时会差出十万八千里。

“啊？”小田吃惊地瞪大了眼睛，“我以为每次我爸买回来的饼干都是快到期超市打折的呢！”

咨询室里三个人都愣然了。

我说道：“现在大家看到表达的重要性了吧。”

小田和妈妈回过神来，异口同声地说：“对！”

“好，那我们就要从现在开始练习表达，首先要练习的就是向家人表达感谢以及肯定；其次还要练习沟通，怎样能把自己想表达的意思清晰地表达给对方。咨询室的练习是为了回家后运用能得心应手。”我说道。

小田想了一下，突然开始笑，边笑边对我说：“老师，你说我要这么回去突然感谢我爸一下，我爸是不是以为我发烧说胡话了。”

“所以呀，改变也是要循序渐进，要有过渡，一下子猛地有变化，大家都不太容易接受呢。”我说道，“再说了，今天你和妈妈一起来，如果你们都能接受这个调整，而且做好准备去调整的话，也需要和爸爸沟通一下咱们谈的一些内容。这样，一来，给爸爸一个消化的过程；二来，你家只有三口人，有两个人都要开始调整了，带动第三个人要相对容易得多。”

“对对对！”小田又问道，“这么些年都没这么干过，我觉得大家都会非常不习惯，而且会忘。”

“全家总动员的好处就在这里，大家可以在达成一致的基础上互相提醒。”我说，“就是不知道爸爸会不会认同咱们谈的这些。”

半天没说话的小田妈妈开口了：“我觉得差不多吧，孩子情绪不好，他也急。他自己也说，就是嘴笨，不会说话，工作上也是这样，有时干了活也落不下好。我们都趁这个机会试着学学吧。”

我向妈妈点了点头，说道：“愿意为孩子做调整的父母都是有责任心的父母。当然，这样的调整也是为了家庭更幸福。不过，我还是要提醒一下，我们要慢慢来，先从一些小的改变开始做起，不要期待过高。每一点小小的进步，都是值得鼓励的。”

改变一定要循序渐进。

“你们可以运用你们家人习惯的方式来做点儿改良，尽量不要让改变发生得很突兀。”我补充道。

“想想好激动，”小田毕竟只是个大孩子，她兴奋起来说，“老师老师，我要不要拿个专门的本子把我们的变化记下来？”

“当然好了！年轻人就是反应快！我还打算一会儿问问你愿不愿意呢！这样最好了，把你们的点滴变化记下来，没事看一看，幸福指数会提升很快的。而且，还有一个好处是，当你们有反复的时候，这些内容可以提醒你们。”我说道。

在改变的过程中，做记录是个好用的方法。

小田开心地点点头，说：“老师，你又夸我了。为什么你夸人的时候那么自然，让人觉得那么舒服呢？”

我笑着说：“那是因为我是发自内心地看到你们的好，看到你们的优点呢。只要真诚地夸赞，就会让人舒服的。”

小田点点头：“我懂了。”

哪怕有暂时的后退也没关系

第三次咨询时，小田独自来了。

一进门，我就看到她有点儿沮丧的样子。

小田“唉”了一声，说：“老师，只好了三天，后边这几天又不行了。”

“能好三天也很不错啊，上次提到过可能会有反复呢，想想看，多少年的习惯要调整，不是容易的事。”我说道。

“也对。”小田点头道。

我邀请小田道：“要不要分享一下美好的三天都发生了什么？”

“好！先说我印象最深的一件。那天，在家包饺子，是我和的馅，我爸他，他竟然夸我包得好吃！说是吃出了以前过年时的味道！哇，好开心啊！”小田笑得眉眼弯弯。

“然后呢？你是怎么回应的？”我问道。

“嗯，我说了谢谢爸爸。然后我就暗下决心，开学前再给他们包一次饺子。”小田笑着说道。

我也被她的快乐感染了。

“我妈头两天每天都烧好水，和我一起泡脚、说话，我觉得我俩还是有不少话可以说的。”小田说道，“另外，我回去也给我爸说了饼干的事，我非常认真地感谢他，说我之前都不知道。当然，我是强忍着不习惯说的。我妈后来悄悄告诉我，说我爸美坏了，临睡前念叨好几回，说我懂事了。那几天简直是无与伦比的幸福！”

“真好啊！”我叹道。

“可是好景不长。”小田又黯淡下来，“口无遮拦的日子毕竟太长了，有时无意间就开始互相伤害了。”

一家三口的关系，就像咬合在一起的齿轮，其中一个有力量的齿轮转动，会带动其他的齿轮跟着转。改变就这样向着好的方向进行。

“不要紧，只要往前走了，哪怕有暂时后退也没关系。你可以发挥你的优势来推动他们。每次咨询的心得，包括一些沟通技巧，如果愿意，也可以跟他们分享，给他们充充电，也算间接来帮助大家进行调整。”听了我的话，小田长吁了一口气。

家庭开始调整了，小田希望我能再具体和她进行一些沟通方面的训练，因为她在学校的人际关系也有点儿问题。

小田的咨询进行了一段时间，整个咨询结束时，小田像是换了一个人，洋溢着青春的气息，全然不是那个哭得惨兮兮的姑娘了。

想对父母说的话

世间有太多不幸的孩子，他们感受到的是父母“变了味儿”的爱，在爱的前提下互相伤害。而父母也很委屈，他们觉得付出了全部，却换来孩子的诸多不满。

沟通的桥梁不是那么容易建造的。不会表达的孩子面对不善表达的父母，他们彼此之间往往感觉不到来自对方的爱。爱孩子，可以从愿意为了孩子改变开始。尝试调整，打破多少年来的习惯，即便结果不是立竿见影，单就行动本身，就值得人钦佩了。

沟通需要方法，成长需要学习。家庭关系就像咬合在一起的齿轮，当一个齿轮转动起来时，势必会带动其他齿轮跟着转动。改变就在这一刻开始，并朝着好的方向进行。

练习：简单问句开启对话

孩子们是否愿意开口，取决于他们是否相信自己说话后会引起家长重视、不会被批评或伤害。

除却孩子的隐私之外，试着用这些话语来帮助孩子多表达一些：

•你愿意和我聊聊今天发生了什么事吗？

•想和我谈谈什么事情让你这么心烦吗？

•或许和我说说什么事让你这么沮丧，会让你感觉稍好点儿。

当然，你可能被拒绝，但不是每次都会被拒绝。当孩子认为自己所说的内容会被接纳时，他就会开口了。

其实，这个方法对家庭中的每个人都是适用的。

“我要用抑郁症来对付我妈”

——放下强势，给孩子一点儿自由

小伊签完了咨询保密协议，坐在我对面，不安地绞着双手，好几次想开口说话，又都咽了下去。

“我要用抑郁症来对付我妈”

这个姑娘虽已经读大学三年级了，但显得有些稚嫩，不过眼神里又有些古灵精怪。我看到她内心的挣扎，想稍微等她一下。

当孩子遇到问题时，介入的时机很重要，如果孩子还没有准备好要说，不妨先等一等。

小伊沉浸在自己的情绪中，过了一小会儿，鼓足了勇气，小声问我：“老师，咨询真的什么都可以说吗？”

“是的，只要在咱们保密的范围内，你觉得安全的话都是可以说的。”我回答道。

“哦，可是，如果我说了，您会不会觉得我是个坏女孩？”小伊又小心翼翼地问道。

“那不会，我们做咨询是从人性的角度来理解来访者，而不是从道德的角度加以评判。”我说。

“哦，那我说了。”小伊又确认了一遍。

“这里是安全的。”我含笑看着她。

“好，”小伊像是下了很大决心，“老师，抑郁症能装出来吗？”

“哦？你的问题有些特别呢。”我回应道，“提出这个问题是出于什么考虑呢？愿意说说吗？”

终于把问题说出口，小伊长长地吁了一口气，身体也有些放松：“我在网上查了一些信息，大家说精神科诊断抑郁症主要看量表，而且我研究了一下抑郁症的表现，我觉得我都能装出来，但又不确定能否成功，就壮着胆子想找您问问。”

小伊一口气说完，还没等我接茬儿，又急忙补了一句：“您不会觉得我脑子有问题吧？”

“那倒不会，”我笑着说，“你都做了这么细致的研究，这小脑瓜多好使啊。不过，我要澄清一下你查到的信息。你所说的量表确实是精神科诊断时用到的，但量表结果只作为参考，而不是诊断依据。精神科诊断要在量表、各种相关检查以及医生的专业问诊和观察的支持下才能做出，不是你想的那么简单。所以，要想装出抑郁症难度会很大。”

“哦，这样啊。”小伊的声音透着失望。

“精神科诊断虽然没有完全用量化指标来进行，但是诊断也是有科学依据的。如果一个医生诊断不清楚，就需要进行会诊，大家一起来讨论。”我观察小伊越来越失望的表情，接着问道：“不过，你提到要‘装’抑郁症一定有你的理由，愿不愿意说说看？”

“是呀，我才不想得抑郁症，但是我觉得我需要抑郁症。”小伊说。

“需要抑郁症？”我重复了一下她的话。

“嗯，需要。需要用它来对付我妈。”小伊吐了一下舌头。

小伊告诉我，妈妈特别强势，自己和妈妈关系一直都比较一般，最近尤其不好，经常发生冲突。前两周有一次冲突时，小伊情急之下喊了句：“你再这么对我，我都要得抑郁症啦！”还没说别的，妈妈马上偃旗息鼓，败下阵来。前些日子有个明星因为抑郁症自杀了，妈妈也知道这事。小伊的本意是吓唬妈妈，没想到这招很有用。妈妈接下来的几天对她特别好，言听计从。不过好了几天，又和原来一样了。

为了抗争，孩子可谓想尽了各种招数。

小伊从这件事中得到启发，她觉得如果自己能装出抑郁症的状态，妈妈一定会紧张，会对自己小心翼翼，那自己在家的日子就会好过多了。如果妈妈非要带自己去医院的话，自己就认真装，骗大夫开出抑郁症诊断，然后把开的药悄悄扔掉。

小伊打好小算盘，为了提高成功率，前来咨询我。

“其实，我知道这招挺蠢的，可是我真没办法了。”小伊苦恼地说。

“我要争取在家里的权利和地位”

原来，小伊从小一直是个品学兼优的学生，父母从不为她担心，因为她真的非常懂事，很听父母的话。这个乖女孩长到现在，想要在家有发言权了，这时候问题来了，强势的妈妈成为她的很大阻碍，妈妈还像以前那样事事安排好，但小伊已不想做以前那个处处听话的小伊了。她要抗争，于是冲突迭起。

“我妈一直是我家的女王，她也能干，家里的钱大部分都是她挣的。我爸逆来顺受习惯了。可是我不愿意逆来顺受。原来不敢，现在我长大了，我要争取在家中的权利和地位！”小伊说话间，攥起了拳头。

“不过，”她又蔫了下来，“我一直对付不了她，装病不成的话，我就没招了。难道我又要陷入她的暗黑统治之下吗？”小伊耷拉着脑袋说。

“你开始青春期逆反了。”我笑着对小伊说。

小伊抬起头，苦笑一下：“对哦，中学时同学们都逆反，可那时我乖乖听话，我现在是在补课啊！”

一些比较听话的孩子，逆反期有时会来得晚一些。

“妈妈对你们的冲突怎么看呢？”我问道。

“我感觉我妈挺着急的，有次我无意间听到她和我小姨打电话说她要被我气死了。”小伊说。

“所以我们需要想办法来协调你俩的关系。”我说。

“对对！其实谁也不想这样，一家人开开心心多好，以前就是一派表面安定团结的大好氛围，现在我长大了，糊弄不了我了。”小伊说着，叹了口气，“成长的烦恼啊！”

“学会应对烦恼，就会真正成长。”我说，“你愿不愿意邀请你家女王过来，我们三个一起工作，来看看怎样帮助你们度过这段时间的困难。”

“这样啊，她要能来那可真好，您帮我劝劝她。我尽量争取让她过来吧，不然我就做好和她生气的准备了。”小伊孩子气地说。

“我呀，也不是你的帮手，只是我认为咱们三个人一起工作的话，对你们的问题解决会是比较快速、有效的一种方式。至于说妈妈愿不愿意配合做努力，还得看到时的情况。”我对小伊说。

“好，我尽量。不过她真的不来的话，我这可怎么办呢？我的问题就解决不了了吗？”小伊有些担心地说。

“不要紧，请她过来，是家庭辅导的方式。如果家长不肯参与的话，我们两个一起工作，也会有办法的，那就以你的变化带动她的变化，可能会慢一点儿，但也会有效。”

“好！”小伊放心了。

“这孩子一点儿也不省心”

小伊妈妈是很愿意来的，从她急切的神态就看得出。

妈妈一坐定就开始说起来：“老师，能来和您聊聊真是太好了。这孩子最近一点儿也不省心，一回家就和我对着干，住学校还好点儿，不过在电话里也不能好好说话，跟吃了枪药似的。您说这是怎么回事啊？”

“你不惹我，我能说话那么冲吗？”小伊抢白妈妈。

“你看看你现在这样子，越长越没样了，真不如小时候，上了大学反而不懂事，芝麻绿豆大点儿的事都要和我较劲！就说上周给你买件衣服的事，我就觉得挺好，你不领情也就算了，谁让我是你妈呢。我也不要你领情，你倒好，说不喜欢，以后不让我给你买衣服，还甩脸色给我！我这不是热脸贴一冷屁股吗？”小伊妈妈打开了话匣子。

“哎哟，妈，你能不能说话讲究点儿啊！你以为这是在咱家啊，你想说啥就说啥的？我都替你脸红！”小伊嫌妈妈说话不文雅，有点儿急了。

“哟，对不起对不起，老师，我刚才确实也没注意，不好意思啊。”经小伊这么一嚷嚷，小伊妈妈忙不迭给我说着，有些难为情。

“没事，咱们就轻松点儿谈谈，也没那么讲究。小伊，没事啊，咱们都是普通人，没事的。”我安慰妈妈，同时也说给小伊听。

小伊妈妈刚才问到小伊最近的情绪是怎么回事，被这个小插曲打乱了，我又重回到这个话题上。

“凭什么呀，我就不长大吗”

我邀请小伊母女俩分别画一下两人对峙的状态。妈妈一听说要画画，连忙摆手：“别别别，老师，我不会画画，画得太丑，让小伊自己画吧，我说就行。”

“画画是心理辅导的一种形式，这个画，并不是美术课的画，只要能大致画出自己想表达的意思就行，只有一条，尽量不要画成火柴人，其他的随便发挥，完全无所谓美丑。”我一边拿纸和彩笔，一边向她们解释道。

小伊妈妈笑着说：“我这都有几十年没画过画了，小伊小时候喜欢到处乱画，都是她爸陪着她的，我也没陪她画过。现在让我画画，有点儿突然。”

“没关系的，如果实在不想画，那不画也可以。不过我还是觉得您可以试试，就当是对自己的一个小小的挑战吧。”我说道。

“那，好吧。一会儿都别笑啊。”小伊妈妈一边挑着彩笔的颜色，一边对小伊说，“尤其是你，不许笑啊！”

这对母女不吵架时，对话还是挺有趣的。

小伊翻了下眼睛，说：“才懒得笑你。我要专心画画了。”

小伊画的两个人一大一小，是面对面站的，大些的那个是妈妈，小的那个是自己。小伊在画中的自己头上画了个包裹，加上顶的这个包裹，就和妈妈一样高了。

而小伊妈妈画的也差不多，一大一小两个人，大的是自己，小的是小伊。

我请她们各自描述下自己的画。小伊先开口说了，她说用绘画来表达母女俩的关系，可以比较直观地加以呈现。

她觉得自己太弱了，必须要加个帮手才能和妈妈抗争，她指指头顶上的包裹，说："否则永远处于下风。"

我问她那个帮手是指什么？她狡黠地冲我挤挤眼："就上回我跟您说的那个，您懂的。"

和我判断得差不多，小伊要将"抑郁症"当成她与妈妈抗衡的帮手。

小伊妈妈不但画出来了，表达的意思也相当清晰，她说，她和小伊之间就是一个大人一个小孩的关系。

刚听到这儿，小伊就忍不住了："凭什么呀，我就不长大吗？我都上大学了，好不好？"

"上大学，你多大我也是你妈！"小伊妈妈瞪了女儿一眼。

我问小伊妈妈："能稍微再具体点儿说说你和女儿的关系吗？说说你认为的母女关系是怎样的。"

"母女关系，就是一直以来的那样啊。我把她的生活都安排好了，她只要好好学习就行，家里也没什么让她操心的事。我们虽然不是啥大富大贵家，养女儿还是舍得的。不缺她啥。我自认为我这当妈的做得不错了，长这么大也没让她吃过什么苦。就算以前家里没钱的时候，也没亏着她。"小伊妈妈说这话时，语气里有些自豪。

"嗯，你在照顾孩子的物质生活方面很尽责。"我说道。小伊妈妈使劲点着头。"不过，你打算什么时候让女儿长大呢？"

小伊妈妈愣了一下："老师，我没太明白您的意思。"

"我们来看一下你俩的画，"我招呼小伊一起，"你们的画有什么明显区别呢？"

"我要长大！看我妈把我画得那么小，根本就不想让我长大！”小伊指着画说道。

“这孩子！什么叫不想让你长大啊？你现在不是长大了吗？”小伊妈妈嗔怪道。

“哎呀！急死人了！我的意思是说，你不能总当我是小孩子，我是成人！你不能什么事都包办代替！”小伊急得喊起来。

“老师，你看看，我俩现在就不能正常对话，我都不知道哪里错了，活了半辈子，不知道怎么和孩子说话了。”小伊妈妈看着我，声音里透着委屈。

妈妈根本没有意识到她和小伊所说的“长大”不是一回事。

“小伊，你画里想表达的意思愿意跟妈妈说吗？”我看向小伊，问道。

“说就说！太急人了！您看到了吧，我们平时说话就这样，各说各的，闹得两人都不开心！”小伊指着她自己的画说，“妈！你看看，我为了要和你平等对话，我都给自己找帮手了！”

“帮手？”小伊妈妈疑惑地问。

“是，帮手！记得我有一次跟你说过我快得抑郁症了吗？我发现说了抑郁症后，你居然能够暂时放下强势，给我一点儿自由。抑郁症，抑郁症就是我的帮手！只有得了抑郁症，我才能和你平等对话，我才能表达我的观点！”小伊鼓足勇气一口气喊了出来。

“啊？你刚才说什么？你得抑郁症了？”小伊妈妈紧张地盯着小伊问。

小伊没有说话。

“刚才小伊说的是气话，她并没有得抑郁症。”我对小伊妈妈说。

“谢天谢地！吓死我了！”小伊妈妈抚着胸口，马上又对小伊说，“帮手就帮手吧，干吗要提抑郁症！”

我笑着说：“抑郁症当然也不是洪水猛兽，正确对待就好。其实，我理解小伊想表达的重点并不是这里，她的重点是她要长大，她想有些事可以不是您一人说了算，给她一些参与的空间。但她现在并没有能力和您抗衡，所以只好找个帮手，看看画，她加上帮手就和您差不多大，可以和您打个平手啦。”

“她的意思是，为了能有发言权，就要得个抑郁症？”小伊妈妈瞪大眼睛看着我，“这么极端？”

“不然呢？我永远都会被你安排，像我爸一样，活得没有自我。”小伊的音调降了下来。

“我吃苦受累，为全家操心，真是出力不讨好。”小伊妈妈充满挫败感地苦笑着。

孩子追求自由民主来了

“每一个人都不希望自己的生活由别人来操控，您同意吗？”我轻轻地问小伊妈妈。

小伊妈妈没有说话，陷入了思考。

过了一会儿，我说：“如果小伊在学校什么都听别人安排，没有独立作决定的能力，您怎么看？”

“那怎么行？那不是受人欺负吗？”小伊妈妈坐直了身子，迅速说道。

“被你欺负可以，被别人欺负不行。”小伊接话道。

“真的不是欺负你。”小伊妈妈摇了摇头，对我说，“孩子长这么大一直很省心，我也没多想什么。难怪现在闹得这么凶，这是追求自由民主来了。”

我和小伊都被逗乐了。

“可是直说不行吗？非得这么折腾妈妈？”小伊妈妈苦笑了一下。

“就是因为不行啊！我直说你哪听得进去？你觉悟还没到呢。”小伊说，“在家里迫于你的气势，不敢怒不敢言。幸亏我和同学一起时还不那么包子，不然还不知成啥样呢！估计早就憋出内伤了！”

“包子”是年轻人爱用来指代窝囊，被欺负的状态。

我们都被小伊逗乐了。

我问小伊妈妈：“您愿意给孩子更宽松的成长空间吗？”

“愿意，愿意！”妈妈忙不迭地说。

“嗯，这样小伊在心理上将自己定位为成年人，你们能够平等对话，她就不用找别的帮手了。”我说道，“也不知道真正做起来困不困难。”

“老师！我有办法！只要我妈和原来一样，我就喊一声‘抑郁症’！然后我妈就调整。”小伊调皮地说，“妈，此计可好？”

小伊妈妈看了看女儿，无奈地笑了，说：“好吧，按你说的，我尽量调整。”

“抑郁症”风波至此平息，母女俩手挽手回家了。

想对父母说的话

随着年龄的增长，孩子到了青春期后，很多都开始逆反，他们认为自己已经长大，频频与父母抗争，轻则吵闹不休，重则表现出各种躯体症状，更有甚者，还会离家出走。

而事实上，并不是所有孩子在青春期都会逆反，有些和父母沟通很好的孩子，情况就会好很多。

当然，还有一些人的逆反来得会晚一些，但也是来势汹汹。小伊这个看起来有点儿极端的案例，就有一定的代表性。

与家长的抗争，是孩子长大的宣言。

羽翼丰满的鸟儿就要高飞，这是不可逆的趋势。

人也一样。

好家长是懂得给孩子成长空间的，尤其是给成年的、尚未离家的孩子成长的空间。

练习：多元问题解决方案

问题解决“只有一种方法”，是一种固化的思维，它所带来的最大的问题是：家长试图让孩子接受一个预先设置好的“正确”的方案，如果孩子不接受，则家长放弃解决问题，双方冲突产生。

“头脑风暴”是一种激发集体智慧，提出创新设想的思维方法。在家庭教育中也可以尝试去用。

当面临问题时，允许、鼓励每位家庭成员说出任何他能想到的解决方案，留意最终提出了多少方案，进行讨论，直到其中一个被大家所接受。

可以将你们家最近发生的一个冲突写下来，试着用“问题通常不止一种解决方案”的理念，记录下你们“头脑风暴”的内容，看看结果会和以前有什么不同。

家庭冲突：____________________

方案1：____________________

方案2：____________________

方案3：____________________